Hermann Bausinger
Der herbe Charme des Landes

Hermann Bausinger

Der herbe Charme des Landes

Gedanken über Baden-Württemberg

Klöpfer & Meyer

Nicht nur ein Staatsgebilde

Es ist gar nicht so leicht, für ein Buch übers eigene Land den richtigen Ton zu finden. Natürlich kein Zahlengerüst aus historischen Daten und statistischen Angaben. Kein Baedekerverschnitt mit Sternchen und genormten Besichtigungsvorschlägen. Und auch keine ölige Laudatio. Aber ich kann nicht von Baden-Württemberg reden oder schreiben, als handle es sich um einen fremden Gegenstand. Ich gehöre dazu.

Vor einiger Zeit hatte ich in Hamburg einen kulturgeschichtlichen Vortrag zu halten. Eine Diskussion schloß sich an; erst nach ungefähr zwei Stunden beendete der gastgebende Museumsleiter die Veranstaltung. Eine ältere Dame kam auf mich zu und sagte, sie bedaure es, daß schon Schluß sei, sie hätte mir noch stundenlang zuhören können. Ich sortierte schon die Worte für eine bescheidene Abwehr des vermeintlichen Kompliments, als sie ihre Begründung nachschob: sie höre das Schwäbische so gerne ...

Ich kann meine Herkunft nicht verleugnen, und gewiß nicht nur in der Färbung der Sprache. Ich will sie auch gar nicht verleugnen. Allerdings gehöre ich nicht zu den Leuten, für die Heimat eine Art Abzeichen ist, das demonstrativ zu jeder Kleidung getragen wird. Wenn mir jemand ein »Guts Nächtle« wünscht, bin ich zwar nicht unbedingt um den Schlaf gebracht, aber ein besonders sanftes Ruhekissen ist der Wunsch nicht. Ich bin nicht der Meinung, daß die regionale Flagge immer und überall gehißt werden muß, und ich glaube auch nicht, daß die Menschen im deutschen Südwesten schlechterdings die Krone der Schöpfung bilden.

Aber ich schreibe nicht mit der Bedächtigkeit des unbeteiligten Betrachters, sondern aus der Perspektive des Mitspielers. Die Identifikation hat allerdings Grenzen. Bin ich ein Baden-Württemberger? Ist überhaupt jemand ein Baden-Württemberger? Das ist keine rein rhetorische Frage. Die Antwort: Es kommt drauf an. Es kommt darauf an, wo und gegenüber wem man sich definiert. Wer sich fernab, in einer anderen deutschen Region oder auch im Ausland, in die Gästeliste eines Hotels einträgt, wird die Bezeichnung akzeptieren. Aber es ist zunächst einmal eine amtliche Bezeichnung: Baden-Württemberg ist ein noch relativ junges Ergebnis der Staatsraison; der Bindestrich verrät das Kunstprodukt.

Innerhalb des Landes verliert die Bezeichnung Baden-Württemberger weitgehend ihren Sinn. Hier baut sich in dem Namen eine eigentümliche Spannung auf; er charakterisiert dann weniger eine Einheit als – bestenfalls – ein Gleichgewichtsverhältnis zwischen zwei Teilen. Dieses Buch ist nicht frei von entsprechenden Balanceakten. Ich habe nicht die Seiten oder Zeilen gezählt; aber ich hatte doch die stumme Weisung im Kopf, daß auf Stuttgart gleich Karlsruhe folgen sollte und daß nach dem Schwarzwald die Schwäbische Alb zur Geltung zu bringen sei. Die Erwähnung des Württembergers Schiller löst in einem solchen Rahmen fast automatisch die Suche nach einer badischen Entsprechung aus – ein Glück, daß er nach seiner Flucht aus Stuttgart in Mannheim Aufnahme fand, auch wenn das damals noch gar nicht zu Baden gehörte.

Glücklicherweise geht die Proporzrechnung einigermaßen auf: Vorzüge und Nachteile halten sich die Waage, es gibt kein Kulturgefälle zwischen der westlichen und der östlichen Hälfte des Landes, weder in die eine noch in die andere Richtung. Außerdem wurden durch die »künstliche« politische Setzung Zusammenhänge geschaffen, die im Lauf der Zeit immer selbstverständlicher und natürlicher erscheinen; es entsteht ein Zugehörigkeitsbewußtsein, das auch über den Bindestrich kaum mehr stolpert. Baden-Württemberg ist eben doch mehr als ein Staatsgebilde.

Von außen her werden Baden und Württemberg schon lange als relativ zusammengehörig empfunden. Im deutschen Norden war, wenn Vergleiche gezogen wurden, selten von den einzelnen Ländern die Rede. In der Familie Buddenbrook hieß es: »wir hier oben« und »die dort unten«; das war eine pauschale Deklassierung des ganzen Südens. Aber auch wenn weniger abschätzig gesprochen und wenn differenziert wurde, nahm man den deutschen Südwesten oft als Ganzes. Die landschaftliche Gestalt legt diese Blickweise nahe. Sie kennt keine glatte Zweiteilung, sondern bildet eine Einheit. Eine Einheit, deren Charakteristikum die Vielfalt ist.

Das mag sich zunächst wie ein fauler Trick anhören.

Wenn Einheit ausgerechnet über Vielfalt definiert wird, scheinen die Begriffe nichtssagend zu werden. Aber es handelt sich um eine Paradoxie, die sich erklären läßt: Es gibt kaum ein anderes Land, in dem der Zuschnitt der Landschaft so häufig innerhalb relativ geringer Entfernungen wechselt. Im südöstlichsten Winkel des Landes liegen Isny, Leutkirch und Wangen, kleine Städte am Fuß des Allgäugebirges. Ich fahre von dort westwärts, vorbei an Einödhöfen und kleinen Weilern durch die Ausläufer des oberschwäbischen Hügellands. In Ravensburg biege ich ab, hinunter zum Bodensee; in dem klimatisch begünstigten Becken gedeihen Obst und Wein, die bunten Einsprengsel des Fremdenverkehrs prägen das Bild, aber es gibt auch industrielle Zentren. Irgendwo bin ich vom Württembergischen ins Badische gekommen, unmerklich. Jetzt überquere ich auf einem Fährschiff den See, lande bei Konstanz, der alten Bischofs- und jungen Universitätsstadt, fahre den Untersee entlang und stoße hinüber in den Hegau mit seinen steilen Vulkankuppen, Vorbergen der Schwäbischen Alb. Vom Hegau ist es nur ein kurzes Stück bis zum Quellbereich der Donau bei Donaueschingen, und von hier führen die Straßen hinein in die Randbezirke des südlichen Schwarzwalds. Keine endlos lange Fahrt, Luftlinie rund hundert Kilometer – aber ich habe ein halbes Dutzend unterschiedlicher Natur- und Kulturräume durchquert. Und ich könnte das gleiche in anderen Teilen des Landes erleben, im Norden etwa, wo das Bauernland der Hohenloher Ebene in den fruchtbaren Taubergrund übergeht, an den sich die Muschelkalkhochflächen des Baulandes anschließen, das bis zum Odenwald reicht, und von dort führt der Weg den Neckar entlang den Großstädten Heidelberg und Mannheim zu.

Ein vielfältiges Land. Gegensätze auf engem Raum – aber es sind gemäßigte Kontraste. Der Holzschneider und Maler HAP Grieshaber, der von seinem Reutlinger Atelier hinübersah zur Alb, sprach einmal von deren »melodischen Hügeln« und verglich sie mit den griechischen Bergen. Die Schwarzwaldberge sind anders, ernster, ausladend, abgeschieden, die Höhenzüge im Oden- und Keuperwald und im voralpinen Hügelland sind wieder anders. Aber vielleicht ist dies doch der Generalnenner nicht nur für die Berge, sondern für all die vielfältigen landschaftlichen Ausprägungen: Melodische Gegenden, sanfte Linien, weiche Horizonte. Das ist die Einheit in der Vielfalt. Die Landschaft trumpft nirgends auf – keine monumentalen Bergriesen wie in den alpinen Regionen und keine überwältigende Monotonie wie in Teilen der norddeutschen Tiefebene, alles maßvoll und ausgeglichen.

Sind in diese Charakteristik auch die Baden-Württemberger, die hier lebenden Menschen eingeschlossen? Bis zu einem gewissen Grad bestimmt. Wer hier bombastische politische Reden hält, hat für längere Zeit ausgespielt als anderswo. Glanz ist weniger gefragt als Rechtschaffenheit. Unternehmer sprechen von ihrem »Fabrikle«. Die internationalen Verflechtungen der Hochtechnologie führen dazu, daß auch andere Töne angeschlagen werden. Aber nach wie vor reicht die Untertreibung bis hinein in den Stil des gehobenen Managements.

9

Ein erfahrener, weitgereister Mann soll gesagt haben, im Südwesten Deutschlands habe er keinen einzigen Angeber getroffen. Der Mann wird oft zitiert – verdächtig oft. Vielleicht äußert sich das »Angeben« hier ja nur anders, etwas leiser, heimlicher, bescheiden, aber mit demonstrativer Bescheidenheit.

Die Landschaft jedenfalls gibt nicht an. Sie biedert sich auch nicht an. Sie präsentiert sich in einem herben Charme – oder besser: sie präsentiert sich überhaupt nicht, sondern ruht in sich selbst, ist einfach da. Und wahrscheinlich ist es gerade das, was auf die Menschen aus anderen Regionen einen besonderen Reiz ausübt.

Grenzen, die keine mehr sind

Definieren heißt abgrenzen. Wer ein Land beschreiben und charakterisieren will, wird hervorheben, was es von den benachbarten Ländern unterscheidet. Das legt die Methode nahe, die Grenzen nachzuzeichnen, festzuhalten, wie es jenseits dieser Grenzen aussieht, und so kontrastierend das Eigene herauszuarbeiten. Aber was als Schema ganz einleuchtend und einfach klingt, ist in Wirklichkeit sehr viel komplizierter. Zunächst stellt sich die Frage, welche Grenzen. Es gibt ja nicht nur die politischen Grenzen. Es gibt Wirtschaftsräume und Siedlungslandschaften, deren Ränder weder mit den politischen Außengrenzen noch mit denen der politischen Binnengliederung übereinstimmen. Und es gibt Konfessionsgrenzen, Sprachgrenzen, Kulturgrenzen. Sie alle sind nicht deckungsgleich mit den politischen Grenzen, und sie lassen sich oft auch nicht genau festlegen, da sie eher Grenzbündel als Grenzlinien darstellen.

Aber selbst wenn man sich auf die politischen Grenzen beschränken wollte, ginge es nicht ohne Komplikationen ab. Das Bild, das wir von Baden-Württemberg zeichnen, verlangt eine gewisse historische Tiefenschärfe, verlangt die Frage nach Grenzen, die längst keine mehr sind. Das Land ist nicht verstehbar ohne einen Rückblick auf vorausgegangene Strukturen und Formationen, die in die Legierung Baden-Württemberg eingegangen und die in ihr aufgehoben sind. Die Aufgabe, die sich stellt, ist die Entschlüsselung eines Palimpsests.

Palimpseste (wörtlich heißt das: das wieder Abgekratzte) sind alte Handschriften, bei denen die ursprüngliche Niederschrift abgeschabt, das Pergament geglättet und immer wieder neu beschrieben wurde; die älteren Schriften aber scheinen vielfach durch. In einem Staatswesen scheinen die früheren Strukturen nicht nur durch – insofern hinkt der Vergleich –, sie sind zum Teil immer noch prägend für die Gegenwart. Die Frage nach älteren Territorialbildungen zielt deshalb nicht nur auf die Vergangenheit, sondern auch auf noch immer vorhandene Besonderheiten und Differenzierungen.

Und schließlich: Der Festigkeitsgrad von Grenzen ist nicht immer gleich, der durch eine Grenze markierte Kontrast kann sehr deutlich, kann aber auch verschwindend klein sein. Anders gesagt: Es gibt auch offene, durchlässige Grenzen. Und es hat den Anschein, daß gerade sie für den deutschen Südwesten charakteristisch sind.

Offen nach allen Seiten

Wo Grenzen nicht mit der Absicht völliger Isolierung gezogen werden, sind sie immer durchlässig. Die Grenze trennt die Nachbarn nicht nur, sie provoziert auch Verbindungen – aus Freundschaft, Neugier, Geschäftsinteressen. Der »kleine Grenzverkehr« ist nicht die Aus nahme, sondern die Regel. Aber die Chancen dafür und das Ausmaß sind verschieden; und insofern hat es seinen guten Sinn, wenn Baden-Württemberg als Land charakterisiert wird, das nach allen Seiten offen ist. Baden-Württemberg hat nirgends – nirgends mehr – eine Grenze, die wirklich abschließt. Und für Baden-Württemberg läßt sich die doch wohl einigermaßen überraschende These aufstellen, daß die Bevölkerung in allen Grenzregionen zu den Menschen in den benachbarten Gebieten jenseits der Grenze in vieler Hinsicht bessere Beziehungen und eine engere Verbindung hat als zu denen in benachbarten Regionen innerhalb des Landes.

Beginnen wir unseren Grenzgang im Nordwesten des Landes. Wer in der Umgebung von Mannheim oder Heidelberg lebt, wird sich als Pfälzerin oder Pfälzer bezeichnen; jedenfalls ist dies dort ein gängigeres Etikett als Badener oder gar Baden-Württemberger. Es ist verwirrend, weil es ja ein Bundesland Rheinland-Pfalz gibt, das hier nicht gemeint ist. Aber die Bezeichnung trägt der Tradition einer jahrhundertelangen Zugehörigkeit Rechnung: Die ehemalige Kurpfalz umfaßte neben dem heutigen Südteil des Landes Rheinland-Pfalz auch kleine Gebiete im Süden des heutigen Landes Hessen und eben jenes Gebiet am unteren Neckar. In ihrem Namen, aber auch in ihrer Sprache und in ihrer Lebensart wissen sich die baden-württembergischen Pfälzer denen jenseits der Landesgrenzen verbunden – enger verbunden als den Menschen, die rund zwanzig Kilometer südlich im Karlsruher Raum oder im Kraichgau zuhause sind.

Die grenzüberschreitenden Beziehungen entlang dem

Verlauf der Landesgrenze nach Osten sind weniger deutlich konturiert. Aber die älteren Verbindungen der seit dem Anfang des 19. Jahrhunderts badischen oder württembergischen Gebiete reichen hinüber ins Mainzische, in den Bereich des Bistums Würzburg, ins Gebiet der Bayern zugeschlagenen Reichsstadt Rothenburg, ins Fürstentum Ansbach. Gemeinsam ist der Bevölkerung im Bauland, im Tauberland und in Hohenlohe das Fränkische. Diese Fränkische unterscheidet die Menschen von denen im mittleren Neckarraum, und es verbindet sie mit denen jenseits der hessischen oder bayerischen Grenze. Wenn sich fränkische Dialektdichter treffen, dann kommen Poeten aus Hall oder Langenburg mit solchen aus Rothenburg zusammen; die Grenze zählt nicht. Und fränkisch bezeichnet nicht nur eine dialektale Sprachfärbung, sondern auch eine bestimmte Lebensart und ein Bewußtsein oder Gefühl der Zugehörigkeit.

Vergleichbar ist die Verbindung nach Bayern über die südöstliche Landesgrenze hinweg, die durch die Iller gebildet wird. Hüben und drüben sind Schwaben. Den südwestlichen Teil Bayerns bildet der Regierungsbezirk Schwaben – und dieser Name ist nicht nur eine historische Erinnerung, sondern entspricht dem Selbstverständnis der Bewohnerinnen und Bewohner. Zwischen den bayerischen Schwaben und denen im südöstlichen Württemberg gibt es wechselseitige Markt- und Arbeitskontakte, Pilgerwanderungen und Wallfahrten führen hin und her, und auch die Struktur der Landschaft kennt keinen eigentlichen Einschnitt an der Grenze – zu beiden Seiten der Iller nicht, und auch nicht im äußersten südöstlichen Zipfel, wo sich ein Ausläufer des Allgäus ins Württembergische hineinschiebt.

Und dann die Bodenseegegend, wo das Stichwort Grenze einen internationalen Anstrich erhält und trotzdem nicht Abschottung und Abschließung markiert. Die ganze Landschaft rund um den See wird als Einheit empfunden. Der See bildete im frühen Mittelalter die Mitte des großen Herzogtums Schwaben, die Missions- und Klostergeschichte hinterließ ähnliche Spuren an allen Ufern, und auch in den folgenden Jahrhunderten blieben viele Gemeinsamkeiten erhalten. So verbindet der See die südlichen Landesteile Baden-Württembergs mit den schweizerischen Kantonen Schaffhausen, Thurgau, Appenzell und St. Gallen, aber auch mit dem österreichischen Vorarlberg, obwohl sich an der Uferstrecke das bayerische Gebiet um Lindau dazwischenschiebt.

Vom Bodensee hinüber nach Basel bildet der Rhein die Grenze gegen die Schweiz. Aber auch hier gilt die alte geschichtliche Erfahrung, daß Gebirge trennen, Flüsse dagegen verbinden. Daß auf beiden Seiten des Rheins Städtchen mit gleichem Namen anzutreffen sind, ist ein deutlicher Hinweis auf den Zusammenhang. Am Fastnachtsdienstag ziehen die badischen Laufenburger, von keinem Zollbeamten gebremst, um Mitternacht über die Rheinbrücke, weil im schweizerischen Laufenburg auch noch am Aschermittwoch gefeiert wird. Auch zwischen dem badischen und dem schweizerischen Rheinfelden gibt es Kontakte. Und selbst am Rheinknie bei Basel, wo der teilweise noch ländlich geprägten Region um Lörrach ein Industrieimperium gegenübersteht, haben sich – über

Arbeitsmöglichkeiten in der Schweiz, Wohnmöglichkeiten im Baden-Württembergischen und Freizeitangebote auf beiden Seiten – haltbare Verklammerungen herausgebildet.

Wichtiger noch ist eine andere Verbindung. Seit den frühen siebziger Jahren gibt es den Begriff »Dreyeckland«, der, ohne daß eine genaue Begrenzung anzugeben wäre, das deutsche Gebiet des südlichen Schwarzwalds zusammenschließt mit dem schweizerischen Bezirk südlich des Rheins und mit großen Teilen des Elsaß. Die archaisierende Schreibweise ist ein Hinweis darauf, daß der historische Zusammenhang, daß eine gemeinsame oberrheinische Geschichte beschworen werden sollte. Die Zielsetzung war freilich aktuell: Der Name Dreyeckland kam auf im Rahmen einer regionalistischen Bewegung, und er wurde weniger als geographische Bezeichnung, mehr als Protestsignal verstanden. Die vom Dreyeckland sprachen, verstanden sich als »Alemannische Internationale«, die sich gegen den Bau von Atomkraftwerken formierte und die sich gegen die vom Staat geförderte oder geduldete Expansion großer Wirtschaftsunternehmen wandte – gleichgültig, ob die politische Weichenstellung dazu in Stuttgart, in Paris oder in Basel vorgenommen wurde.

Der grenzüberschreitende Widerstand war indirekt auch ein Hinweis darauf, daß sich zwischen den benachbarten Regionen am Rhein eine internationale Wirtschaftskooperation großen Stils entwickelt hatte. Sie trägt zum Teil die Züge einer alle regionalen und nationalen Besonderheiten ignorierenden Zweckökonomie – gerade dagegen richtete sich der vor allem auch ökologisch bestimmte Protest. Aber sie überformt gleichzeitig auch ältere und kleinere wirtschaftliche Verbindungen – bis hinein in die Freizeitgewohnheiten der Bevölkerung, die bei ihren Wanderungen und gastronomischen Exkursionen benachbarte Regionen über der Grenze gerne und häufig einbezieht. Dies gilt gerade auch für den Karlsruher Raum, von dem viele und feste Fäden ins »untere«, nördliche Elsaß hinüberführen.

Damit schließt sich der Kreis. Wo immer wir hinsehen, führen dichte Kontakte über die Grenzen. Man könnte, auf das Land Baden-Württemberg bezogen, von zentrifugalen Nachbarschaftsbeziehungen sprechen – nur ist das zu technisch, zu egalisierend ausgedrückt. Die Orientierung auf die Nachbarregionen hat jeweils ganz verschiedene Ursachen. Sie bedeutet fast nie, daß die Grenzen völlig bedeutungslos geworden wären. Aber das Land, so viel läßt sich sagen, ist offen nach allen Seiten.

Drei alte Länder

Mitte der achtziger Jahre griff das Fernsehteam der Stuttgarter Abendschau eine Idee von Landtagsabgeordneten auf und appellierte an das Publikum, ein Baden-Württemberg-Lied zu dichten und zu komponieren. Die Resonanz war groß. Über vierhundert Einsendungen kamen. Sie wurden in einem komplizierten Auswahlverfahren gesiebt; aber auch was übrig blieb, mischte in trivialer Melodieführung und banalen Reimen (kaum ein

Lied ohne Wälder und Felder) die üblichen Heimat-klischees. Dies war sicher ein wichtiger Grund dafür, daß keines der Lieder einschlug und zum Baden-Württem-berg-Lied wurde.

Aber es dürfte nicht der einzige Grund sein. Es gibt schon Heimatlieder. Wenn irgendwo in geselliger Runde ein solches Lied angestimmt wird, dann schlagen die alten Traditionen durch: dann singt man im Westteil von Baden-Württemberg das Lied vom »Badner Land«, das freilich auch nur aus einer simplen Aufzählung besteht; in der Gegend um Sigmaringen und Hechingen ertönt das Hohenzollernlied, und im Württembergischen hat seit langem das Lied vom Fürsten, der jedem Untertan das Haupt in den Schoß legen kann, den Rang und die Funktion einer inoffiziellen Landeshymne angenommen. Baden, Württemberg, Hohenzollern – das sind feste Größen, die in der Erinnerung eine große Rolle spielen und mit denen immer noch gerechnet wird.

Unter den deutschen Territorien, die der napoleoni-schen »Flurbereinigung« nicht zum Opfer fielen, war Hohenzollern eines der kleinsten. Es konnte sich halten, weil zu Napoleon gute Beziehungen hergestellt wurden und weil die schwäbische Linie der Hohenzollern durch einen Erbvertrag mit der preußisch-brandenburgischen Linie zusammengeschlossen war. 1849 wurden die Souveränitätsrechte an Preußen abgetreten; Hohen-zollern wurde preußischer Regierungsbezirk und blieb es bis 1945. Dies war nur eine verwaltungstechnische Zu-gehörigkeit; aber sie trug doch bei zur fortdauernden Abgrenzung gegenüber Württemberg und Baden. Daß das kleine Land im Zuge der Neugliederung nach dem Zweiten Weltkrieg wiederhergestellt werden könnte, wurde allerdings kaum ernsthaft erwogen.

Ganz anders verhielt es sich mit Württemberg und Baden. Beide Länder waren zwar »erst« durch die Neuordnung nach 1800 entstanden; aber sie blickten damit immerhin auf anderthalb Jahrhunderte zurück. Und vor allem in der langen Epoche bis 1918, in der Württemberg Königreich und Baden Großherzogtum war, hatten die Länder ihr eigenes Profil entwickelt. In Baden war deshalb der Widerstand gegen eine Vereinigung mit Württemberg relativ groß, am stärksten im südlichen Baden, wo zum Teil abschreckende Karikaturen der künftigen Stuttgarter Kolonialherren ausgemalt wurden. Von drohender wirtschaftlicher Ausbeutung durch die Schwaben war die Rede; diese konterten, indem sie das südliche Baden als Armenhaus des Landes bezeichneten – wobei sie sicher nicht an Freiburg und den Kaiserstuhl, sondern an die strukturschwache Landschaft des Hotzenwalds dachten.

Der Streit wogte einige Zeit hin und her; schließlich wurde in einer Abstimmung entschieden. In Südbaden war eine große Mehrheit für die Wiederherstellung der alten Länder; in Nordbaden, Nord- und Südwürttemberg stimmte die Mehrheit für die Bildung des neuen Staats. Dies wurde als ausreichende demokratische Legitimation interpretiert – und hing dem 1952 ins Leben gerufenen Land als »Geburtsfehler« an, der erst siebzehn Jahre später durch eine erneute Volksabstimmung geheilt wurde. Jetzt gab es auch in Baden eine klare Mehrheit für das neue Land, nur etwa achtzehn Prozent stimmten dagegen.

Der Umschwung kam zustande, weil sich der Zusammenschluß bewährt hatte und weil eine Benachteiligung des badischen Landesteils kaum nachzuweisen war. Schon die amerikanische Militärregierung hatte darauf gedrängt, daß freie Stellen in den Stuttgarter Ministerien mit »residents of Baden« zu besetzen seien, und lange Zeit wurde peinlich darauf geachtet, daß Badener und Württemberger in gleicher Zahl vertreten waren. Inzwischen wird der Proporz nicht mehr so häufig diskutiert. Bei der Besetzung höherer Stellen kann es zwar immer noch eine Rolle spielen, aus welchem Landesteil eine Bewerberin oder ein Bewerber kommt, und im wirtschaftlichen Bereich werden Probleme, die den westlichen Landesteil betreffen, immer wieder einmal als »Neue Badenfrage« etikettiert. Auch werden in problematischen Verbindungen, die durch die Gebietsreform der siebziger Jahre zustande kamen – etwa durch die Vereinigung des früher badischen Villingen und des früher württembergischen Schwenningen – die Spannungen leicht auf den Nenner Baden contra Württemberg gebracht. Im ganzen aber ist dieser Gegensatz inzwischen kein Politikum mehr. Lebendig ist er trotzdem geblieben: als Mentalitätsunterschied, als Vorurteil und als spielerische Folklore.

In Häfnerhaslach, einem Ort am Stromberg, nicht weit von der ehemaligen badisch-württembergischen Grenze, wird erzählt, ein alter Mann sei im Sterben gelegen, die Frau des Pfarrers habe ihn mit den Worten getröstet, er gehe nun hinüber in ein anderes, ein besseres Land – da habe der Mann seine letzte Kraft zusammengenommen und gesagt, es sei ihm gleich, in welches Land er komme, wenn's nur nicht Baden sei ... Das ist eine Wandergeschichte, in vielen Orten lokalisiert, auch in badischen, aber dort natürlich mit umgekehrten Vorzeichen. Badener und Württemberger – oft heißt das: Badener contra Württemberger. Vor hundertfünfzig Jahren schrieb Samuel Friedrich Sauter, Schulmeister in Flehingen und Zaisenhausen, die Verse:

> *Ein Wetter steht grad über der Erd,*
> *wenn's nur ins Württembergische fährt,*
> *denn tut es sich bei uns entladen,*
> *dann haben wir den Hagelschaden.*

Geht man von den »Schwabenwitzen« aus, die im Badischen erzählt werden, dann scheint es noch immer keine Annäherung zu geben – im Gegenteil. Was ist der Unterschied zwischen dem Osterhasen und einem sympathischen Württemberger? Gar keiner, beide gibt's nicht. – Warum tragen die Schwaben neuerdings so oft einen Mittelscheitel? Damit die Badener das Beil besser ansetzen können. – Wie arrangiert man die Belastungsprobe für eine neue Brücke? Man holt 5000 Schwaben – hält sie, ist's recht, hält sie nicht, ist's auch recht. – Und wie weiht man eine Unterführung ein? Man lädt zu einem »Tag der Schwaben«, und dann wird sie geflutet.

Das sind herbe Aussprüche, und es gibt sicher geschmackvollere Arten der Auseinandersetzung. Aber es zielt am Sinn dieser Witzgeschichten vorbei, wenn man sie wegen mangelnden Zartgefühls zurückweist. Sie müssen so rabiat und grobschlächtig sein, weil nur so der spielerische Charakter deutlich wird. Sie benützen und nähren ein Vorurteil, und die sie erzählen, wissen das. Es ist wie beim Spott, der gelegentlich zwischen benachbarten Ortschaften hin- und hergeht; das wichtigste dabei ist die Abwertung und Abstempelung der anderen. Schon allein das Wort »Schwabe« ist eine solche Abstempelung – die Württemberger setzen sich manchmal zur Wehr mit dem abwertenden Ausdruck »Badenser«, den man im Badischen nicht gerne hört.

Es bleibt allerdings nicht bei den – im doppelten Sinn – groben Unterscheidungen. Auch wo versucht wird, die Badener und die Württemberger möglichst sachlich zu charakterisieren, ergeben sich Gegensätze. Die Badener, heißt es, sind fröhlicher, leichtlebiger, den Freuden des Lebens zugewandt; die Württemberger sind demgegenüber ernster, verschlossener, von relativ strengem, oft asketischem Charakter. Die Badener sind großzügiger, ohne verschwenderisch zu sein, sind auch toleranter, die Württemberger sind sparsam bis zum äußersten und neigen zur Strenge. Die Badener sind gesellig und gesprächig, die Württemberger einsam und einsilbig. Die Badener lieben den Disput, sind darin aber verträglich, die Württemberger sind in der Auseinandersetzung stets ernsthaft, manchmal auch rechthaberisch. Die Badener sind liberal, interessiert am Neuen, weltoffen, die Württemberger konservativ, traditionsorientiert, zurückhaltend. Zu manchen Zügen dieser Charakteristik lassen sich Belege anführen. Badische Restaurants halten in den gastronomischen Reiseführern die Spitzengruppe besetzt, und »gut essen« nannten in einer großen Umfrage 46 Prozent der Badener als Hobby – bei den Württembergern waren es nur 36 Prozent. Die Geographie der Fastnacht bestätigt die Annahme der lustigeren, leichtlebigeren Art der Badener. In badischen Wartezimmern tauschen die Patienten manchmal lautstark ihre Krankheitssymptome aus, in schwäbischen herrscht ängstliche Stille. Auch in badischen Wirtshäusern geht es lauter zu, die württembergische Gemütlichkeit verkriecht sich oft ein wenig in sich selbst.

Die Unterschiede lassen sich auch erklären und begründen. Baden ist eine offene, durch das breite Rheintal geprägte Landschaft mit einer spendablen Natur. Und Baden machte sich diesen Vorteil zunutze. Die Verkehrserschließung erfolgte früher und intensiver als in Württemberg; nicht nur die Rheinschiffahrt räumte Baden einen Vorsprung ein, sondern auch die konsequente Verfolgung von Plänen zum Ausbau der Eisenbahn. Der Handel war ausgeprägter, es gab mehr Urbanität im Land als in Württemberg. Das alte Herzogtum Württemberg nannte man das »Bauernherzogtum«, und Württemberg blieb bis weit ins 19. Jahrhundert hinein ganz überwiegend Bauernland.

Auch in der Industrialisierung ging Baden voraus; Württemberg war, wie Willi Boelcke formuliert hat, ein »spurtstarker Nachzügler«. Die Anfänge der Industrialisierung in Baden hängen eng mit der Öffnung nach außen zusammen: Oberitalienische Händler, Schweizer Handwerker und französische Geschäftsleute gehörten zu den

Kapitalgebern und Gründern der Fabrikbetriebe. Und natürlich ist auch der gastronomische Vorsprung in diesem Zusammenhang begründet; für französische Lebensart war der Rhein nie eine strikte Grenze. In Württemberg beschränkte sich französischer Einfluß auf den üppigen Lebensstil am Hof in Stuttgart und Ludwigsburg; anderswo schob die streng-religiöse evangelische Haltung einen Riegel vor.

Dies gilt freilich in ausgeprägter Form nur für das alte, das ehemalige Herzogtum Wirtemberg. In Oberschwaben herrschte die katholische Religion, barock sind nicht nur die großen Kirchenbauten, barock ist dort auch die Lebensart, und manches, was pauschal von den Badenern gesagt wird, gilt wohl auch für die Oberschwaben. Die skizzierte Kontrastierung ist also keine Einteilung, die für alle und immer paßt; Relativierungen sind vorzunehmen. Es gibt geradezu bedrohlich gesprächige Schwaben. Manche Badener entfliehen der Fastnacht, und die Zahl der Depressionen ist im Badischen nicht kleiner als im Württembergischen. Man kann Württemberger antreffen, die den Pfennig *nicht* zweimal herumdrehen, ehe sie ihn ausgeben – obwohl im Badischen gesagt wird, die Schwaben hätten den Kupferdraht erfunden, indem sie den Pfennig so lange gedreht hätten, bis er länglich geworden sei. Nicht alle Schwaben dampfen vor religiöser Innerlichkeit, die Kirchen sind nicht überfüllt, und der Prozentsatz an Scheidungen liegt nicht niedriger als in Baden. Die kollektive Charakterisierung ist also nicht mehr als eine grobe Richtungsanzeige; sie bestimmt bestenfalls in einigen Bereichen eine gewisse statistische Wahrscheinlichkeit, erlaubt aber im Einzelfall keinerlei Voraussagen.

Badisch und württembergisch – nicht nur der Name des Landes hält die alten Zuordnungen fest. Die Gegensätze, vermeintliche und tatsächliche, werden immer dann ins Feld geführt, wenn es um unterschiedliche Interessen geht, wenn Konkurrenz herrscht – im Sport, im Handel, auf dem Arbeitsmarkt. Die alte Zugehörigkeit lebt aber auch fort in Institutionen und Verbänden. In vielen Sportarten und kulturellen Vereinigungen gilt noch die alte Trennlinie. Fusionsforderungen werden immer wieder laut, aber häufig vertagt. Bis die leitenden Funktionäre weg sind, heißt es – aber die leitenden Funktionäre wachsen nach.

In manchen Bereichen ist die Unterscheidung allerdings nicht nur eine organisatorische. Württembergischer Wein und badischer Wein sind nicht nur die Produkte verschiedener Genossenschaften, sondern, darauf werden alle Kenner pochen, sind verschieden in der Geschmacksrichtung. Allerdings werden die Weinkenner auch nicht bei den großflächigen Etikettierungen badisch und württembergisch stehenbleiben, sondern nach Regionen und Lagen unterscheiden. Und dies gilt nicht nur für den Wein: Unterhalb der Zweiteilung in badisch und württembergisch wirken andere, kleinräumigere Unterschiede nach.

Der historische Flickenteppich

Wer von Tübingen, mitten im Land Baden-Württemberg gelegen, dem Neckar entlang nach Westen wandert, stößt schon nach wenigen Kilometern auf einen alten Grenzstein. Es ist keiner der vielen Marksteine, die früher für die Abgrenzung der Gemeindemarkung verbindlich waren, sondern ein Grenzstein höheren Ranges: Hier verlief bis zur Neuordnung nach 1800 viele Jahrhunderte lang die Grenze zwischen Württemberg und – Österreich, genauer: der vorderösterreichischen Grafschaft Hohenberg. Das ist ein Kuriosum, aber kein Ausnahmefall. Fast im ganzen Land bewegt man sich zwischen dicht liegenden Territorialgrenzen. Der Kniebis bei Freudenstadt war bis 1945 Grenzort zwischen Württemberg und Baden; hundertfünfzig Jahre früher stellte er noch ein ›Dreiländereck‹ zwischen Württemberg, dem Besitz des Bistums Straßburg und dem Fürstentum Fürstenberg dar. Auch solche Plätze, an denen früher drei Territorien zusammenstießen, gibt es praktisch überall im Land – Folge der kleingliedrigen Aufteilung, welche die Zeit vom späten Mittelalter bis in die napoleonische Epoche bestimmte.

Auf den ersten Blick scheint die Erinnerung an diese Aufteilung, scheinen historisch orientierte Grenzgänge nur ein Tick von Historikern oder Altertumsfreunden zu sein. Aber es geht dabei nicht nur um Vergangenheit. Die tieferliegenden Schriftzüge des Palimpsests – um dieses Bild noch einmal zu gebrauchen – sind verblaßt, aber an manchen Stellen dringen sie durch. Die früheren Zugehörigkeiten und Abgrenzungen haben Spuren hinterlassen, nicht nur in Form der Grenzsteine in Wald und Flur, sondern auch im Bild der Landschaft und in den Köpfen der Menschen. Die alten Grenzen prägten, über ihren Bestand hinaus, den Verkehr der Menschen untereinander: Die Marktorientierung, die Wirtschaftsweise, das Heiratsverhalten richtete sich danach; mit denen, die jenseits der Grenze lebten und die in vielen Fällen eine andere Konfession hatten und einen etwas anderen Dialekt sprachen, hatte man weniger zu tun. Die amtliche Einteilung der späteren Länder Baden und Württemberg berücksichtigte vielfach die alten Zusammenhänge, so daß ihre Nachwirkung noch verstärkt wurde. Spürbar ist sie bis heute.

Für das Land Baden-Württemberg ist dies deshalb von großer Bedeutung, weil nirgends sonst die Zersplitterung so groß war. Rudolf Zacharias Becker, volkspädagogischer Erfolgsautor gegen Ende des 18. Jahrhunderts, schloß in seinen Bestseller »Noth- und Hülfsbüchlein für Bauersleute« auch eine kleine Reisebeschreibung ein. Darin heißt es:

In keinem deutschen Kreise sind so viel verschiedene Herrschaften als in Schwaben. Da sind der Kaiser, der Herzog von Württemberg, der Markgraf von Baden, der Fürst von Thurn und Taxis, die Fürsten von Hohenzollern, von Fürstenberg, von Oettingen, von Auersperg, von Schwarzenberg und von Lichtenstein. Die Bischöfe von Konstanz und Augsburg, die gefürsteten Äbte zu Ellwangen und Kempten, und die fürstlichen Äbtissinnen zu Lindau und Buchau. Ferner die Grafen Truchseß von Waldburg, Königsegg, Fugger, Stadion, Montfort, Traun, Neipperg und andere. Auch zwanzig Freie Reichsabteien und zwanzig Freie Reichsstädte, worunter Augsburg und Ulm die größten sind. Auch hat die Freie Reichsritterschaft ansehnliche Güter und Herrschaften.

Diese Aufzählung unterscheidet einzelne Territorialtypen, verschiedene Herrschaftsformen: kaiserlich-habsburgischen Besitz, eine Reihe bedeutender weltlicher Herrschaften, große Bistümer und andere geistlich regierte Ländereien, Gebiete, die »reichsunmittelbar« waren, vor allem die Reichsstädte, und dazu viele oft sehr kleine ritterschaftliche Besitzungen. Nach einer zeitgenössischen Statistik waren es 21 fürstliche, 34 gräfliche und 101 reichsritterschaftliche Familien, die im ersten Jahrzehnt des 19. Jahrhunderts allein der württembergischen Landeshoheit unterworfen wurden. Die politische Landkarte, die bis dahin im deutschen Südwesten Gültigkeit hatte, präsentiert sich wie ein Flickenteppich mit unregelmäßigen Mustern, anders gesagt: als ein außerordentlich buntes Puzzle mit wenigen stattlichen Stücken und vielen kleinen und kleinsten Teilen.

Um eine staatliche Aufteilung im modernen Sinne handelte es sich allerdings nicht. Nur einem Teil der größeren Dynasten gelang es, geschlossene Flächenstaaten herzustellen. Vorderösterreich war zum Beispiel kein Staat, sondern ein lockeres Gebilde, ein Konglomerat verschiedener Herrschaften. Und für die kleinen Herrschaftsgebiete galt, daß sie Querverbindungen suchten und in

Abhängigkeiten standen; die schwäbischen Reichsstädte hatten beispielsweise zeitweilig enge Schutzbündnisse mit dem württembergischen Herzog.

Trotzdem: Der Eindruck einer starken Zergliederung trügt nicht. Angesichts der morphologischen Gliederung, der Herausbildung vieler eng begrenzter Landschaftsräume, sprachen die Geographen von der »Kleinkammerigkeit« Baden-Württembergs. Man kann den Begriff übernehmen für die politische Aufteilung. Jahrhundertelang gab es viele kleine Gemeinwesen, deren Herrschaft mit oft sehr weitgehenden Rechten ausgestattet war. Was dies für die politische Kultur bedeutete, soll wenigstens in Stichworten skizziert werden. Zunächst: Das föderative Prinzip ist im Südwesten tief verankert. Man hält etwas auf die Selbständigkeit der kleineren Einheiten – heute sind das Kommunen, Kreise, Regionen. Entscheidungen, die in der Zentrale getroffen werden, erregen zunächst einmal Mißtrauen.

Eng damit verbunden ist das demokratische Moment. Reinhold Maier, der erste Ministerpräsident des Landes Baden-Württemberg, blickte 1965 in einem Vortrag zwanzig Jahre zurück, auf die Zeit, als vor allem die amerikanische Militärregierung den demokratischen Neubeginn förderte. Wenige Wochen nach Kriegsende waren die neu eingesetzten Landräte zusammengekommen; nach dem vierten ihrer Treffen sagte ein amerikanischer Major: »Bei euch geht es gerade so demokratisch zu wie bei uns im Staate Connecticut«. So berichtet Maier nicht ohne Stolz, und seither ist dieser Satz immer wieder zitiert worden als Zeugnis der ungebrochenen demokratischen Tradition im Südwesten. Aber in 1948 veröffentlichten Aufzeichnungen hatte sich Reinhold Maier noch genauer erinnert. Der Major hatte gesagt: »Jetzt geht es auf Ihren Tagungen genau so demokratisch zu wie bei uns in Connecticut«, und das hieß doch wohl nicht mehr, als daß er in den demokratischen Umgangs- und Verhandlungsformen im Vergleich zu den ersten Konferenzen einen Fortschritt bemerkte.

Die demokratische Tradition erreichte auch im deutschen Südwesten nicht ungebrochen die Gegenwart; die Zeit des Nationalsozialismus war ein schmerzlicher Einschnitt, und schon vorher wurden demokratische Ansätze, vor allem in der absolutistischen Epoche, immer wieder einmal beschnitten. Aber jedenfalls bestand eine demokratische Tradition. In vielen der kleinen Territorien gab es einen genossenschaftlichen Widerpart zur Herrschaft: die Selbstverwaltung in den Reichsstädten, die am Schweizer Vorbild orientierte Landsgemeinde im Markgräfler Land, die Gemeindevertretungen in Vorderösterreich und Hohenlohe, den Zusammenschluß von Gemeinden im Hotzenwald im Süden und in der Kurpfalz im Norden, aber auch die lokale Selbstverwaltung und die landständische Vertretung in Altwürttemberg.

In all diesen Fällen handelte es sich um eine eingeschränkte Demokratie – nicht nur, weil der Spielraum meist durch die Herrschaft eingeengt war, sondern auch, weil an der demokratischen Willensbildung nicht die ganze Bevölkerung beteiligt war. In den Städten war es zunächst nur das Patriziat, bis die Zünfte sich Rechte erkämpften – die breiten Unterschichten blieben ohne Einfluß. In den Dorfgemeinden durften nur die Gemeindebürger mitreden, und das waren beileibe nicht alle. Es gab in den kleinen Gemeinwesen eine klare soziale Stufung, und auf die Rangordnung wurde großer Wert gelegt.

Bald nach 1500 erzählt der Tübinger Humanist Heinrich Bebel vom Bürgermeister eines winzigen Fleckens, der im Bad gefragt wurde, ob man ihm schon den Kopf gewaschen – und der antwortete: »Ich weiß es nicht, denn unsereins hat anderes zu bedenken.« – Besonders grotesk wirkte sich das Ranggefüge aus, wo ein einzelner Ort das ganze Herrschaftsgebiet bildete. Selbst aus ganz kleinen Herrschaftsgebieten sind Auflistungen mit einer Fülle anspruchsvoller, aber hohl klingender Rangbezeichnungen überliefert. Die kleinkarierte Einteilung der politischen Landkarte wirkte sich so – das sollte man ruhig zugeben – ein wenig auch in kleinkarierten Attitüden aus. Außerhalb wurde das kritisch registriert; der Spott spießte nicht selten die großen Ansprüche auf, die im Miniaturformat der damaligen Staatswesen mitunter ins Lächerliche gerieten.

Frömmigkeitslandschaften

Föderatives Denken, demokratische Tradition und Beachtung von Rangunterschieden – das sind Eigenheiten, die im ganzen Land verbreitet sind, sicher in verschiedenem Ausmaß und in verschiedenen Spielarten, aber doch als gemeinsames Erbe. Die territoriale Kleinteilung hat aber auch wichtige kulturelle Unterschiede über Jahrhunderte hinweg verfestigt. Besonders deutlich ist diese Auswirkung im Bereich der religiösen Bekenntnisse und der daraus abgeleiteten Frömmigkeitsformen. Im Zuge der reformatorischen Kämpfe des 16. Jahrhunderts setzte sich das Prinzip durch, daß der jeweilige Herr die Konfession seiner Untertanen bestimmen könne: »Cuius regio, eius religio« – wessen Herrschaft, dessen Religion. Dieses fragwürdige Recht, das allerdings wohl interne Streitigkeiten verhinderte, wurde zwar in der Folge mehrfach eingeschränkt, blieb aber im wesentlichen doch mindestens zwei Jahrhunderte maßgebend.

Im Zuge der Aufklärung wurde es endgültig abgeschafft; aber praktisch bestimmte es die Konfessionsverteilung bis in die Zeit des Zweiten Weltkriegs hinein. In statistischen Ortsbeschreibungen aus dem späten 19. und frühen 20. Jahrhundert finden sich regelmäßig Angaben zu den Glaubensverhältnissen: »Benningen, evangelisches Pfarrdorf über dem linken Neckarufer, 1005 Einwohner, wovon 8 Katholiken«; »Fronhofen, katholisches Pfarrdorf am Feuertobelbach, 903 Einwohner, wovon 28 Evangelische.« Es sind keine ungewöhnlichen, sondern durchschnittliche Relationen, die durch diese Zahlen charakterisiert werden. Die Dörfer werden ausdrücklich als katholisch oder evangelisch bezeichnet; der Prozentsatz von Angehörigen der Minderheitskonfession ist im allgemeinen so niedrig, daß die Charakterisierung gerechtfertigt erscheint – auch wenn sie sich in einer amtlichen Statistik etwas merkwürdig ausnimmt.

Das Gepräge der Dörfer und auch der Städte war entweder evangelisch oder katholisch, mit Ausnahme der ziemlich seltenen »paritätischen«, gemischtkonfessionellen Orte. Ihre Existenz ist ein Hinweis darauf, daß die Unterteilung in Territorien nicht einmal die Ortsgrenzen unangetastet ließ – es gab Orte, die auf zwei oder mehr Herrschaften aufgeteilt waren, und dort mußten Regeln für das Zusammenleben des evangelischen Bevölkerungsteils mit dem katholischen gefunden werden.

Die Etikettierung ganzer Ortschaften und auch ganzer Landstriche als evangelisch oder katholisch wäre weniger bedeutsam, wenn mit der Konfessionsangabe lediglich das unmittelbar auf die Religion bezogene Verhalten umschrieben wäre. Die Wirkung geht aber weit darüber hinaus. Schon am äußeren Zuschnitt kann man erkennen, ob man sich in einer katholischen oder in einer evangelischen Landschaft befindet. Die sichtbaren Heils- und Mahnzeichen geben einen sicheren Hinweis. Passionskreuze, Kalvarienberge, Stationenwege, Feldkapellen, Andachtsgrotten – die religiöse Formensprache der Katholiken kennt eine Fülle von Verbildlichungen und Symbolen, die sich zum Mosaik einer ausgeprägten Frömmigkeitslandschaft zusammensetzen. Nimmt man eine gewisse Unschärfe in Kauf, läßt sich außerdem die Gleichung barock = katholisch aufmachen; das Barock war die Zeit der Gegenreformation, in der die katholische Kirche mit ihrer Demonstration von Pracht und Herrlichkeit in die Offensive ging. Der barocke Stil reichte dabei über die Gestaltung der Bauwerke hinaus; er beeinflußte auch den Alltag, zum Beispiel in der farbigen

Inszenierung von Bräuchen, aber auch ganz allgemein in einer größeren Bereitschaft, die Freuden des Lebens zu genießen. Die Sinnenfreude und Sinnlichkeit der Katholiken wurde oft herausgestellt und meistens getadelt – von evangelischer Seite.

Das evangelische Kontrastprogramm hieß Rückzug aufs biblische Wort und auf die Innerlichkeit des Glaubens. Dies war schon begründet in der Reformation, doch wurde die asketische Tendenz des Protestantismus verschärft durch die pietistische Bewegung, die sich seit dem 17. Jahrhundert ausbreitete. Die Pietisten trafen sich auch außerhalb der Kirche in Bibelkreisen und forderten sich ein durch und durch frommes – und das hieß für sie: sinnenfeindliches, alle Mühsal freudig akzeptierendes – Leben ab. Die Erweckungsbewegung hatte privaten Charakter, und ihre Anhänger waren vor allem kleine Handwerker und Bauern, die ihre wirtschaftlich beengte Lage und ihren notvollen Alltag so als Verheißung jenseitigen Heils betrachten konnten. Aber im alten Herzogtum Württemberg fand der pietistische Geist auch Eingang in die kirchlichen Konsistorien und übte starken Einfluß auf die führenden Schichten aus. In vielen Häusern hing hier das »Zwei-Wege-Bild«: Der schmale Weg führt mühselig steil nach oben; Kirche, Sonntagsschule und caritative Einrichtungen säumen den Weg zum Himmel. Am breiten Weg laden Ballsaal, Theater, ein »Gasthof Weltsinn« und die Spielhölle zum Verweilen ein; dieser breite Weg mündet in die Hölle – wahrlich keine gute Voraussetzung für die Entfaltung der Freuden des Lebens und einer weltlichen Kultur. Die regierenden

Häupter, die an ihren Höfen zeitweilig einen bombastischen Aufwand betrieben, nahmen sich selbst von den strengen Forderungen aus; aber der pietistische Tugendkatalog für ihre Untertanen mit Fleiß und Gehorsam in den obersten Rängen kam ihnen entgegen.

Der Gegensatz im Selbstverständnis von Baden und Württemberg liegt teilweise darin begründet, daß die pietistische Prägung in Württemberg so stark war. Sie galt zwar zunächst fast nur für das Herzogtum Württemberg; aber von hier aus wurden Anfang des 19. Jahrhunderts die hinzugewonnenen Gebiete »Neuwürttembergs« durch den württembergischen Beamtenapparat regelrecht »besetzt«, und in den maßgeblichen Schichten des Landes blieb der konservative und sinnenfeindliche Zug lange bestimmend.

Die pietistische Einfärbung und der Gegensatz zwischen evangelischen und katholischen Landschaften wirken bis heute fort, obwohl, salopp gesagt, die Geschäftsgrundlage bis zu einem gewissen Grad entfallen ist. Auch die Konfessionsgrenzen gehören zu den Grenzen, die keine mehr sind, die jedenfalls nicht mehr die klaren Strukturen von einst aufweisen. Im Zuge der fortschreitenden Industrialisierung kamen in die früher recht eindeutig definierten Orte und Gegenden Leute mit der »falschen« Religion. Der Krieg wirbelte die Bevölkerung durcheinander; und als Kriegsfolge kamen Ströme von Flüchtlingen und Heimatvertriebenen aus den östlichen Provinzen – auf die Konfession wurde bei ihrer Notaufnahme normalerweise nicht geachtet. Die Zuwanderung von ausländischen Arbeitsmigrantinnen und -migranten hat die traditionellen Strukturen weiter verwischt. Vor allem in den Städten nähern sich die Anteile der katholischen und der evangelischen Bevölkerung weithin einander an. Und dennoch ist es nicht nur eine historische Erinnerung, wenn von einem evangelischen Städtchen oder von einer katholischen Gegend gesprochen wird.

Sprachräume und Sprachgrenzen

Man könnte annehmen, die über viele Jahrhunderte bestehende Aufgliederung in Hunderte von Territorien sei eine besonders belastende Hypothek für die Einheit des Landes Baden-Württemberg. Das Gegenteil ist der Fall. Hätte es bei der Gründung des Südweststaats nur die Orientierung Baden oder Württemberg gegeben, wäre es also darum gegangen, zwei große Blöcke zusammenzuschmieden – es wäre sicher schwieriger gewesen, als die vielen kleineren Traditionsbereiche aufeinander abzustimmen. Die Tatsache, daß in diesem Land nicht eine einzelne Grenze grundverschiedene Lebensstile und politische Kulturen trennt, sondern daß ein Gewirr von historischen Grenzen durcheinanderläuft, hat den Zusammenschluß erleichtert: die Vielfalt garantiert die Einheit.

Dies gilt um so mehr, als es sich bei den vielen kleinen Herrschaften nicht um völlig isolierte Gebilde handelte. Auf sich allein gestellt hätten sie gar nicht existieren können; es gab zahlreiche Verbindungen und Vernetzungen, Schutzbündnisse und Verwaltungszusammenhänge, und die reichten oft über die spätere Grenze zwischen Baden und Württemberg hinweg. Ein sprechendes Beispiel dafür sind die vorderösterreichischen Besitzungen, die sich auf die südlichen Teile des späteren Großherzogtums Baden wie des späteren Königreichs Württemberg verteilten.

Außerdem bilden ja auch die Territorien nicht die letzte historische Schicht, die für uns greifbar ist und die bis heute nachwirkt. Sie entstanden mit dem Niedergang der Staufer, der das Ende der alten, großen Herzogtümer bedeutete. Im Südwesten handelte es sich um das Herzogtum Schwaben, das von den Vogesen bis zum Lech, von den Rätischen Alpen bis über die Rems reichte, und um das Herzogtum Franken, das sich im Norden anschloß. Diese Herzogtümer waren keine Flächenstaaten im modernen Sinne, sondern Verwaltungseinheiten auf der Grundlage der Siedlungsräume, welche sich die verschiedenen germanischen Stämme gesichert hatten.

In diesen Herzogtümern entstanden gemeinsame »Landsprachen«, wie man sie im Mittelalter nannte; als sich später eine übergreifende deutsche Einheitssprache entwickelte, blieben sie erhalten als Dialekte: Alemannisch und Fränkisch. Und das Schwäbische? Für die Sprachwissenschaftler ist es der nördliche Teil des Alemannischen. Das ist keine nachträgliche Eingemeindung, sondern ein Rückgriff auf die ursprüngliche Terminologie. Die frühesten Belege sprachen von Alemannen *oder* Sueben; es gab also zwei Namen für eine als lockere Einheit verstandene germanische Bevölkerungsgruppe, die gegen die Römer im Kampf lag. Der Name ›Alemannen‹ wurde vor allem zur Charakterisierung von außen verwendet; in den meisten romanischen Ländern entwickelte sich daraus im hohen Mittelalter der Name für die Deutschen insgesamt. Im Innern ging die Bezeichnung fast völlig verloren, bis sie von Johann Peter Hebel für seine »Alemannischen Gedichte« aufgegriffen und damit populär gemacht wurde. Erst von diesem Zeitpunkt an wurde die südliche, an den Sprachgebrauch in der Schweiz erinnernde Dialektfärbung als Alemannisch bezeichnet und das Etikett Schwäbisch für die nördlichere, über Stuttgart hinausreichende Spielart reserviert.

Dazwischen verläuft keine einzelne, präzise Grenze; vielmehr gibt es eine Übergangszone, in der manche Wörter und Lautformen eher alemannisch, andere eher schwäbisch ausgesprochen werden. Die Bewohner des Hochrheingebiets reden von ihren nördlichen Nachbarn gelegentlich als »Dachtraufschwaben« – eine bildliche Umschreibung dafür, daß sich dort das Alemannische entschieden dem Schwäbischen zuneigt. Die Dachtraufschwaben wiederum verspotten die Leute am Hochrhein als »Chatze'chöpf«, Katzenköpfe. Damit ist der eigentümliche alemannische Kehllaut angesprochen, der in der deutschen Schweiz noch deutlicher zu hören ist.

Die Dialektgrenze, die sich weiter im Norden durch das Land zieht, läßt sich sowohl als fränkisch-alemannisch wie als fränkisch-schwäbisch bezeichnen. Auch hier lassen sich die Unterschiede in der Aussprache anhand einer Reihe von Merkwörtern charakterisieren. Zum Wagen sagt man im nördlichen Gebiet Woocha, im

südlichen Waaga; für breit steht fränkisches braet schwä-
bischem broit oder broat gegenüber; der Zuber ist im
Fränkischen der Zuwer, während im Schwäbischen das
Wort (fast) wie in der Hochsprache akzentuiert wird.

Die Grenzen zwischen verschiedenen Wörtern und
Lautformen verlaufen auch hier nicht auf einer Linie,
und sie sind auch nicht unverrückt durch anderthalb
Jahrtausende dieselben geblieben. Am beständigsten
waren sie, wo sich die Sprachgrenze nicht nur der Grenze
der ehemaligen Stammesherzogtümer anschloß, sondern
wo auch spätere Territorialgrenzen mit dieser Grenze der
Herzogtümer übereinstimmten. Aber selbst da gab es
Verschiebungen, wobei überwiegend das Schwäbische
nach Norden vordrang. Interessant ist, daß sich eine
wichtige Lautgrenze, nämlich gerade die zwischen der
Aussprache Zuber / Zuwer, glaube' / glauwe', bleibe' /
bleiwe', an die ehemalige badisch-württembergische
Grenze angelehnt hat. Wiederum also wirkt eine Grenze,
die keine mehr ist, im Bewußtsein und im Verhalten
– hier im sprachlichen Verhalten – der Bevölkerung
weiter. Über die Aussprache wird die frühere Zugehörigkeit signalisiert.

Kultur – Modellierung des Lebens

Unter Kultur verstand man früher – wenigstens im ländlichen Bereich – eine Schonung mit jungen Baumschößlingen. Damit war man der ursprünglichen Bedeutung nahe: Kultur als die Kultivierung von Natur, Anbau von Nutzpflanzen, Agrikultur. Dieser Wortgebrauch kann daran erinnern, daß die kulturelle Prägung sehr tief reicht, auch die kulturelle Prägung der Menschen. Kultur in dieser erweiterten Bedeutung meint die Modellierung unseres ganzen Lebens, die Art und Weise, wie wir essen und schlafen, wohnen und kommunizieren, aber natürlich auch die Formen kreativer Betätigung.

Kultur ist die gemeinsame Welt von Vorstellungen und Haltungen, Normen und Lebensformen, in die wir hineinwachsen und die wir in unserem Handeln bestätigen und stabilisieren, teilweise auch weiterentwickeln. Kultur wird im allgemeinen als Einzahl verwendet und als Einheit verstanden. Aber es gibt vielerlei Kultur und Kulturen, so wie es auch im Wald und auf den Feldern verschiedene Kulturen gibt. Die Zugehörigkeit zu einer bestimmten Kultur ist abhängig vom regionalen Standort, aber auch von der sozialen Position und den wirtschaftlichen Bedingungen. Dies gilt heute nur noch eingeschränkt, da sich die einzelnen in ihrer kulturellen

Ausrichtung bis zu einem gewissen Grad über die definierenden Vorgaben hinwegsetzen können. Bis zu einem gewissen Grad – nicht völlig beliebig. Ganz sicher galt für frühere Zeiten eine striktere Festlegung durch die Verhältnisse. In Spuren ist sie immer noch greifbar, vor allem in der ländlichen Welt.

Hofbauern und Zwerglandwirte

In den Dörfern und Weilern auf den Höhen des Schwarzwalds sind die Gehöfte im allgemeinen weit verstreut; der – oft recht stattliche – Besitz liegt großenteils unmittelbar beim Hof. Drunten in der Tiefebene, dem Rhein zu, sieht es anders aus. Die Häuser stehen dicht gedrängt in den Dörfern, auch die Bauernhäuser. Das Land liegt nicht bei den Höfen, sondern ist auf der ganzen Markung verstreut. Die amtliche Flurbereinigung hat zwar inzwischen in den meisten Gemeinden für eine gewisse Konzentration gesorgt, und in vielen Dörfern haben wenige Bauern das ganze nutzbare Land aufgekauft oder gepachtet; aber noch immer trifft man auch auf schmale, handtuchförmige Äcker und Wiesen, bewirtschaftet im Nebenerwerb von Arbeitern und Angestellten – und nicht zuletzt von ihren Frauen. Der gleiche Gegensatz läßt sich in der Gegend der Südwestalb beobachten: Auf der Alb relativ geschlossene Ansiedlungen, eng bebaute Dörfer, das Nutzland verteilt auf die Außenbezirke, der Donau zu und im ganzen oberschwäbischen Gebiet aufgelockerte Weiler mit großen Hofstätten, die von ihren Ländereien umgeben sind.

Diese Unterschiede sind das Ergebnis verschiedener Erbsitten. In manchen Gegenden war es üblich, daß der Besitz eines Bauern unter allen Söhnen, teilweise unter allen Kindern verteilt wurde. In diesen Gebieten der »Freiteilbarkeit« entwickelte sich ein anderes Bild als in denjenigen, in denen die Höfe geschlossen an den ältesten Sohn oder – wie im Schwarzwald – an den jüngsten vererbt wurden.

Wenn von Erbsitten die Rede ist, dann weist dies darauf hin, daß die Weitergabe des Erbes zwar durch rechtliche Bestimmungen abgedeckt, daß sie aber im wesentlichen durch die lokale oder regionale Tradition geprägt war. Die Unterschiede haben zu tun mit den natürlichen Grundlagen, der Bodenbeschaffenheit; es leuchtet ein, daß in bergigem oder hügeligem Gelände die verstreute Lage der Felder noch mehr Beschwerlichkeiten mit sich bringt als in der Ebene. Auch die Besiedlungsgeschichte scheint die Herausbildung verschiedener Erbsitten beeinflußt zu haben. In den Gebieten, die schon früh besiedelt wurden, setzte sich eher die Teilbarkeit durch, in den Rodungsgebieten und anderen spät erschlossenen Siedlungsräumen blieben die Güter eher beieinander.

Spätestens Anfang des 19. Jahrhunderts machte sich aber auch politischer Einfluß geltend. So wurde von Stuttgart aus für das neuwürttembergische Oberschwaben die Teilung propagiert. Das war einerseits Ausdruck des allgemeinen Strebens nach Vereinheitlichung; aber die meisten Autoren, die sich in der Sache zu Wort meldeten, sahen in der Erbteilung auch das wirtschaftlich gesündere und moralisch bessere Modell: In den

Dörfern, in denen die Güter aufgeteilt wurden, veranlasse die Agrarverfassung die Verständigung zwischen den Bewohnern, hier herrsche lebendige Gemeinsamkeit. Die Hofbauern dagegen lebten mit ihren Familien einsam auf ihren Besitzungen; Geselligkeit und Bildung träten hier zurück.

Es gab aber auch Gegenstimmen. Friedrich List beklagte die engen, kärglichen Verhältnisse, die notgedrungen aus der immer weiter gehenden Zersplitterung des Landbesitzes entstehen mußten. Er sprach von Zwergwirtschaft und »Kartoffelwirtschaft«, zu der die kleinen Bauern herabgesunken seien. List hielt auch nichts von der Gemeinschaftsbildung durch die in der Zwergwirtschaft begründeten Zwänge; er sah Neid und kleinliche Mißgunst am Werk und stellte diesem negativen Befund ein freundliches Gemälde der »Hofverfassung« gegenüber: Sie gebe den unabhängigen Bauern »Freude und Mut«, ebne ihnen die Wege zur Bildung und mache sie politisch mündig.

Die Frage, ob List oder ob seine Gegner schärfer sahen, ist aus der Distanz von anderthalb Jahrhunderten kaum zu beantworten. Wichtig ist aber, daß in den Schriften Lists und anderer Wortführer nicht nur die ökonomische Seite der Frage behandelt wird, daß sie vielmehr sahen, wie die Agrarverfassung die ganze Kultur und Lebensweise der Menschen beeinflußte, und zwar auf längere Sicht. Eine Untersuchung Anfang der fünfziger Jahre des 20. Jahrhunderts konnte noch relativ eindeutig die Grundformen der Vererbung in den Gemeinden feststellen; geschlossene Vererbung (52%) und

Freiteilbarkeit (48%) hielten sich in Baden-Württemberg so ziemlich die Waage. Heute sind die Unterschiede abgeschwächt, aber keineswegs verschwunden. Schon am äußeren Siedlungsbild läßt sich im allgemeinen erkennen, welche Vererbungsform früher dominierte. Inwieweit auch die daraus abgeleiteten Eigenschaften noch zu registrieren sind, ist schwerer zu entscheiden; über sie konnten sich ja schon die Diskutanten des 19. Jahrhunderts nicht einigen. So viel läßt sich aber wohl sagen, daß das Bäuerliche und eine eher konservative Gesinnung in den Gemeinden mit Hofverfassung entschiedener hochgehalten wird, daß dort jedenfalls eine andere Kultur herrscht als in den beengten Dörfern des Realteilungsgebiets: Beispiel dafür, wie stark wirtschaftliche Gegebenheiten das kulturelle Bild mitbestimmen.

Provinzkultur? Kulturprovinzen!

Vor einiger Zeit untersuchten Wirtschaftswissenschaftler die Beschäftigungssituation in den Arbeitsamtsbezirken Leer und Balingen. Der Bezirk Leer umfaßt Teile Ostfrieslands und des nördlichen Emslands, Balingen liegt in Baden-Württemberg am Fuß der Südwestalb. Beides sind ländliche Bezirke. Der Vergleich des Arbeitsmarkts ergab bemerkenswerte Unterschiede: Der Anteil der Erwerbspersonen und der Beschäftigungsgrad waren im Bezirk Balingen sehr viel höher; es gab hier weniger Arbeitslose. Warum? Die Verfasser der Studie verweisen auf die Unterschiede in der Vererbung des Besitzes: im Bezirk Leer geschlossene Vererbung, wobei in der Regel auch

44

die Geschwister des Erben auf dem Hof blieben; im Bezirk Balingen Aufteilung des Erbes, was zu immer kleineren Betrieben führte und die Bevölkerung zunehmend auf nichtbäuerliche Erwerbsmöglichkeiten verwies. Das Neue an der Studie war, daß die Verfasser nicht nur mit ökonomischen Ursachen und Sachverhalten operierten, sondern daß sie die Bedeutung außerökonomischer Einflüsse unterstrichen. Sie führten für die anderen Verhältnisse auf dem Balinger Arbeitsmarkt die pietistische Tradition ins Feld, für die Müßiggang aller Laster Anfang ist und in der fleißige Arbeiter wie innovative Unternehmer gediehen. Die »Arbeitskultur« wirkte ein auf die Wirtschaftsstruktur; aber diese wirkt auch wieder zurück auf die Arbeitskultur – und auf die Kultur insgesamt.

Auch andere, jüngere wirtschaftliche Entwicklungen beeinflußten und beeinflussen das kulturelle Gepräge. In den Verdichtungsräumen um die großen Städte hat die dörfliche Landschaft ihr Gesicht völlig verändert – sei es, daß die einstigen Dörfer in gestaltlosen Ballungsräumen auf- und ein wenig auch untergegangen sind, sei es, daß Dörfer sich so drastisch vergrößert haben, daß sie kaum mehr als Dörfer betrachtet werden können. Ein Beispiel: Warmbronn, sieben Kilometer von Leonberg gelegen und heute in diese Stadt eingemeindet. Früher war es eine selbständige bäuerliche Gemeinde, eine besonders arme, bekannt durch den Bauernpoeten Christian Wagner, einen Vorfahren der grünen Bewegung. Zwischen 1960 und 1980 stieg die Bevölkerungszahl um mehr als das Fünffache, von etwas mehr als 800 auf nahezu 4500

Einwohner. Warmbronn war Wohngemeinde für die in der näheren Umgebung oder in Stuttgart Arbeitenden geworden. Eine derartige Entwicklung verändert auch das kulturelle Profil: Während früher eine kleine Zahl traditioneller Vereine für die eine oder andere festliche Veranstaltung sorgte, sind inzwischen neue Sparten in den alten Vereinen entstanden – beispielsweise lockere Freizeitgruppen im Sportverein – und auch neue Vereine, die von den Zugezogenen bevorzugt werden. Warmbronn ist vielleicht ein besonders extremer, aber keineswegs ein Einzelfall. Auf der anderen Seite gibt es ausgesprochene Abwanderungsgebiete im Land, im südlichen Schwarzwald etwa, an den Rändern Oberschwabens, in Teilen Hohenlohes. Dort sind viele, vor allem von den Jungen, weggezogen, und die dageblieben sind, kämpfen gegen die kulturelle Verödung.

In seiner historischen Substanz bietet der deutsche Südwesten aber mehr Ausgeglichenheit als die meisten anderen Länder. Es gibt praktisch überall größere oder kleinere kulturelle Zentren, an denen sich auch das Umland orientiert. Diese Zentren haben ihr eigenes Gepräge; es sind nicht etwa nur kümmerliche Abziehbilder der Metropolen. Das abschätzige Reden von der Provinzkultur ist nur selten angebracht; vielmehr wartet Baden-Württemberg mit einer Vielzahl eigener Kulturprovinzen auf.

Es ist richtig, daß diese ihr kulturelles Kapital auch aus den großen Städten beziehen. Das Land hat sich ausdrücklich zu einer »Bringschuld« bekannt, zur »Entprovinzialisierung der Provinz«. Bedeutende kulturelle

Treffen finden einmal im Jahr nicht in Stuttgart statt, sondern draußen im Land: die Landeskunstwochen, die Landesliteraturtage, Theatertage und musikalische Wettbewerbe. Aber das sind nur Anstöße. Die Kulturprovinzen leben weithin aus ihrer eigenen Tradition und von ihren eigenen Kräften. Die alemannisch geprägte Kultur am Oberrhein ist anders als die pfälzische rund um Heidelberg und Mannheim, die Kultur im evangelischen Neckarland ist anders als die barock-katholische Oberschwabens, drunten am See gedeiht eine andere, heiterere Kultur als auf der kalten Albhochfläche. Auch im Kulturellen heißt die Signatur: Vielfalt.

Spielarten der Volkskultur

Die ›Kulturprovinzen‹ des Landes unterscheiden sich durch die Art und Weise, wie sie kulturelle Höhepunkte auswählen und inszenieren. Am deutlichsten aber kommt der Unterschied zum Ausdruck in den traditionellen Formen der Volkskultur. In den Fastnachtslandschaften zum Beispiel. Zu ihnen zählen Oberschwaben, das Gebiet am Bodensee und Hochrhein, die Region am oberen Neckar und auf der Baar, Mannheim und Umgebung und einzelne Punkte im Odenwald. Die ›Zünfte‹ dieser Regionen gehören nicht nur verschiedenen Dachverbänden an, die über das Brauchtum wachen; auch die Ausformungen der Bräuche sind teilweise verschieden. Maßgeblich für die Entstehung der Fastnachtslandschaften war zunächst einmal die katholische Konfession, dann die Herausbildung von Zentren der Narrheit wie Rottweil oder Elzach oder Laufenburg, schließlich der Aufschaukelungsprozeß, der im Lauf der Jahrhunderte und spätestens nach dem Zweiten Weltkrieg die Orte in der Nachbarschaft erfaßte.

Auch andere Formen der Volkskultur sind – wenigstens bis zu einem gewissen Grad – von der dominierenden Konfession abhängig. Die Blasmusik ist eng mit katholischen Bräuchen verbunden, mit der Fastnacht, mit den Fronleichnams- und anderen Prozessionen, mit Heiligenfesten. Aber eine feste Grenze wird dadurch nicht gezogen; an den früheren Konfessionsgrenzen besteht kein Einfuhrverbot für Posaunen und Trompeten. Ja, es hat den Anschein, daß das ganze frühere Baden ein Eldorado der Blasmusik ist.

Die Gesangvereine stehen demgegenüber in einer schwäbischen, mit einiger Berechtigung kann man auch sagen: einer protestantischen Tradition. Als sich 1862 die meisten der 64 existierenden badischen Vereine zum Badischen Sängerbund zusammenschlossen, waren im Schwäbischen Sängerbund fast 400 Vereine Mitglied. Sie verteilten sich über ganz Württemberg, aber am stärksten war die Bewegung im Neckarland und in den unmittelbar angrenzenden Räumen. In keiner anderen deutschen Landschaft spielte der volkstümliche Gesang – lange Zeit hieß dies automatisch: der Männergesang – eine vergleichbare Rolle. Mit Konradin Kreutzer aus Meßkirch und mit dem aus Schnait im Remstal stammenden Tübinger Musikdirektor Friedrich Silcher haben sowohl die badischen wie die württembergischen Sänger einflußreiche Leitgestalten gefunden – doch wird der Einfluß des badischen Komponisten des »Nachtlagers von Granada« von dem des Schwaben Silcher übertroffen, an den nicht nur Denkmäler und ein kleines Museum erinnern, sondern auch eine populäre Gattungsbezeichnung: Wenn es den Chören allzu sauer wird mit den modernen Sätzen, dann stimmen sie ein »Silcherle« an, ein Lied in eingängiger, harmonischer Melodie.

Im Verlauf des 19. Jahrhunderts sind die freieren, ungebundeneren Formen der Volkskultur fast alle in der Organisationsform des Vereins aufgegangen. Dorfkultur sei Vereinskultur, hieß es – und auch in den Städten waren für das kulturelle Leben weithin die Vereine zuständig. In den letzten Jahrzehnten sind daneben andere Spielarten der Volkskultur getreten – musische Gruppen etwa, im freien Zusammenschluß oder angeleitet durch Volkshochschulen und andere Bildungseinrichtungen, vor allem aber die bunten und oft grellen Formen einer neuen Jugendkultur. Im Bereich der Rockmusik wird das Ausmaß und die Durchschlagskraft dieser neuen Formen am schnellsten sichtbar. Im Verlauf von sechs Jahren wurden in einem einzigen Kreis (Reutlingen) 343 Namen von Bands registriert. Darunter waren sicherlich auch manche »Eintagsfliegen«, aber andererseits dürften in den Zeitungsberichten, die der Zählung zugrunde lagen, nicht einmal alle Musikgruppen aufgetaucht sein. Jedenfalls bezeugt die Zahl, daß hier eine gewissermaßen flächendeckende Szene existiert, an der eine große Zahl von Jugendlichen aktiv beteiligt ist.

Volkskultur? Die Namen der Bands reichen von

»Crème fraîche« bis »Always Ultra« und »Full House«;
Englisch ist auch die bevorzugte Sprache der Songs.
Wenn es in den Gemeindeparlamenten um die Verteilung
der Zuschüsse geht, weisen die Vertreter der traditionellen Vereine oft darauf hin, daß es sich hier um nichts
»Bodenständiges« handle. Der internationale Zusammenhang ist unbestritten. Aber die Anhänger der neuen
Formen liegen nicht so falsch, wenn sie daran erinnern,
daß auch die Blasmusik stärkste Impulse von türkischer
Janitscharenmusik und böhmischen Kapellen erhalten
hat. Und immerhin: Es gibt auch Rock-Bands mit deutschen Namen und solche, die Lieder in Dialekt vortra-
gen. Kritische Lieder manchmal, in denen beispielsweise
die Konsumhysterie und die Müllproduktion angegriffen
werden, aber manchmal auch sentimentale Songs –
in ihren Gefühlen gar nicht so weit weg von den Chor-
sätzen der Gesangvereine, in denen ältere Männer bekla-
gen, daß sie »koi Schätzele meh« haben.

Für die gegenwärtige Volkskultur ist es jedenfalls charakteristisch, daß sie *nicht* mehr auf einen Nenner zu
bringen ist. In den Dörfern sind neben den Vereinen neue
Initiativen entstanden, und in den Städten finden sich
neben den traditionellen Orten der Kultur auch neue: die
»soziokulturellen« Begegnungsstätten, Jugendzentren,
Altentreffs. Neu sind sie im Vergleich mit den längst
etablierten Vereinen, Theatern, Orchestern – aber auch
sie stehen bereits in einer stabilen Tradition.

Landschaft und Kunst

In Deutschland, sagt man, sei der Abstand zwischen »Hochkultur« und »Volkskultur«, zwischen der elitären E- und der unterhaltsamen U-Kultur besonders groß. Das mag sein. Entsprechende Gegenüberstellungen gibt es allerdings auch anderswo – in den USA spricht man beispielsweise, leicht ironisch eingefärbt, von Culture mit großem C, die sich von der banaleren culture unterscheidet. Jedenfalls gehört zum Bild eines Landes auch, wie sich künstlerische Höchstleistungen, die Erscheinungen der großen Kunst, darstellen und vermitteln.

Es ist richtig, daß sie sich in den seltensten Fällen gewissermaßen für das Land beschlagnahmen lassen. Der Versuch, die Schöpfungen großer Dichter, Komponisten und bildender Künstler auf den Generalnenner eines »Stammescharakters« herunterzurechnen, geht nicht ohne Verbiegungen ab. Große Kunst steht, entschiedener noch als die Volkskunst, in internationalen Zusammenhängen. Das gilt für die Vergangenheit, als fremde Künstler oft die wichtigsten Anstöße im Land gaben; es gilt auch für die Gegenwart, in der viele künstlerische Kontakte über die Landesgrenzen hinausführen. Aber das heißt nicht, daß sich eine Betrachtung der großen Kunst ganz aus den regionalen Zusammenhängen lösen müßte. Das Land und die Landschaft prägen die Kunst – und die Kunst prägt die Landschaft.

Wenn beispielsweise beim Stichwort Bodensee in unseren Köpfen Bilder stiller Uferwege und verträumter Buchten auftauchen, dann ist dies nur teilweise Umweltschützern zu danken, die sich gegen maßlose Überbauung, Verkehrsinflation und Segelbootstau einsetzen – zum Teil reproduzieren wir auch die Bilder, in denen die Maler von der Höri und anderswo ihre Vorstellung vom See festgehalten haben. Oder die Schwäbische Alb: Die Silhouetten der Berge, die Heide- und Weideflächen mit verstreuten Wacholderbüschen sind Wirklichkeit, aber den Blick darauf haben uns auch Grieshaber und andere Künstler eingegeben. Oder der Schwarzwald: Was wir dort am liebsten sehen, sind Bilder, wie sie Hans Thoma gemalt hat, bäuerlich-herb und idyllisch zugleich.

Und nicht nur die Maler haben unserer Sehweise vorgearbeitet. Von Bernau, wo Hans Thoma aufwuchs und längere Zeit lebte, ist es nur ein Sprung hinüber ins Tal der Wiese, die bei Basel in den Rhein mündet. Dies ist die Landschaft, die Johann Peter Hebel in ihrem Widerspiel von Schönheit und Vergänglichkeit so eindrücklich geschildert hat, daß sie noch immer seine Signatur trägt. Auch für die mittlere Alb haben Dichter die Perspektive vorgezeichnet – von Mörikes »Besuch in Urach« (»Nur fast so wie im Traum ist mir's geschehen, daß ich in dies geliebte Tal verirrt ...«) bis hin zu Johannes R. Bechers Gedicht »Urach oder Der Wanderer aus Schwaben« (»Die Rauhe Alb. Von Höhen rings umfangen / Und zu den Höhen wie im Traumverlangen / Aufblickend: Urach ..., Apfelbäume blühn«). In dieser Gegend geht der literarische Einfluß sogar noch ein Stück weiter: Wilhelm Hauff hat mit seinem Roman »Lichtenstein« die Landschaft selbst verändert, denn erst danach wurde Schloß Lichtenstein als »mittelalterliche« Ritterburg er-

baut. Auch die Landschaft am Schwäbischen Meer ist
von Dichtern mitgemalt, von Gustav Schwab etwa, dessen »Reiter überm Bodensee« die seltene »Seegfrörne«
vergegenwärtigt, von der Droste, die in ihren letzten
Lebensjahren viel Zeit in Meersburg verbrachte, aber
auch von Heutigen wie Martin Walser, der einige seiner
Romanhandlungen in das traditionelle Leben am See
einbettet, ohne vor den Veränderungen und Beschädi-
gungen dieses Lebens die Augen zu verschließen.

Heimliche Zentren großer Kunst

Im Jahr 1827 wollte der württembergische König Wilhelm um 150.000 Gulden für das Land eine Sammlung
deutscher und niederländischer Meisterwerke kaufen.
Stephan Lochner, Albrecht Dürer, Lucas Cranach waren
vertreten; der stattliche Preis war angemessen, im Rückblick auf die weitere Entwicklung des Kunstmarkts und
die damit verbundene Wertsteigerung sogar niedrig.
Aber in der Öffentlichkeit, die sich damals entschiedener
formierte und die im Parlament und in der Presse ihre
Organe fand, regte sich Widerstand – die wirtschaftliche
Situation im Land ließ die Ausgabe als Verschwendung
erscheinen: »Mir brauchet koi Kunscht, mir brauchet
Grumbiera.« Die Kunstsammlung ging nach München.
   Der ursprüngliche Anlaß für den Spruch war bald ver-
gessen, aber der Spruch selbst hielt sich zäh am Leben:
Wir brauchen keine Kunst, wir brauchen Kartoffeln.
Im Badischen und im übrigen deutschen »Ausland«

nahm man ihn als Formel, mit der man das angebliche Banausentum der Schwaben charakterisierte, im Schwäbischen selbst ironisierte man damit die immer wieder erneuerten und auch keineswegs ausgestorbenen Versuche, plattes ökonomisches Kalkül gegen künstlerische Pläne auszuspielen. Manchmal allerdings wird der Ausspruch auch mit Sympathie zitiert, meistens dann, wenn künstlerische Produktionen den Eindruck des Bombastischen nicht meiden. Gegen allzu viel Glanz und Größe ist man mißtrauisch, und das gilt eigentlich vom ganzen Land.

Damit mag es zusammenhängen, daß das Bild des Landes, sein ›Image‹, im allgemeinen nicht das eines Eldorados der Künste ist. Wenn von Stuttgart die Rede ist, schieben sich die Namen industrieller Pioniere und Institutionen in den Vordergrund – bei München, aber auch bei Dresden oder Hamburg pendeln sich die Assoziationen sehr viel schneller bei kulturellen Mittelpunkten ein. Friedrich Theodor Vischer sagte von den Schwaben, sie seien »so gescheit wie nur irgend jemand«, hätten aber offenbar »beschlossen, heimlich gescheit zu sein«. Parallel dazu läßt sich die Vermutung formulieren, die Menschen im Land – im ganzen Land – hätten beschlossen, heimlich den Boden für große Kunst zu bereiten.

Das historische Erbe kommt ihnen dabei entgegen. Zahlen belegen es: Es gibt 36 Schlösser, die heute unter staatlicher Verwaltung stehen, 17 Klosteranlagen, 51 Ruinen und um die hundert Gärten und Parkanlagen – verteilt im ganzen Land, kontinuierliche Verführung zur Kultur: Die meisten Bauten und Anlagen stehen für den Besuch offen und zeigen neben Teilen der alten Ausstattung auch andere Stücke. Viele sind ein Ort für zusätzliche Attraktionen. Im Stuttgarter Alten Schloß ist das Württembergische, im Karlsruher Schloß das Badische Landesmuseum untergebracht; in Schwetzingen locken das Open Air Classic und andere Konzerte, im Heidelberger Schloß Theateraufführungen, im Schloß in Ludwigsburg »Blühendes Barock« und die Porzellansammlung, und auch kleinere Schloßanlagen wie beispielsweise in Bonndorf im Schwarzwald oder in Fachsenfeld im Ostalbkreis wurden zu Zentren von Kunst und Kultur entwickelt.

Der geschichtliche Bestand ist so mit den aktuellen Aktivitäten verbunden, die ebenfalls eine Fülle und Vielfalt aufweisen, wie sie anderswo kaum anzutreffen ist. So gibt es neben den beiden Staatstheatern in Stuttgart und Karlsruhe drei Landesbühnen mit Sitz in Bruchsal, Esslingen und Tübingen, die aber weite Strecken bereisen, Dutzende von kommunalen Theatern und Kleinbühnen mit einem fließenden Übergang zum Amateurtheater, in dem eine größere Zahl von Freilichtbühnen, Naturtheatern eine bedeutende Rolle spielen. Ähnlich ist es im musikalischen Bereich: Neben den großen Philharmonischen Orchestern von Stuttgart, Reutlingen und Konstanz und den Rundfunkorchestern gibt es zahlreiche Kammerorchester und halbprofessionelle Chöre, und es gibt viele Institutionen zur Förderung der Laienmusik.

Im Bereich der Literatur ist zwar die herausragende Verlagstradition als Folge großer, auch internationaler

Fusionen etwas abgebröckelt; aber mit der Deutschen Schillergesellschaft, dem Deutschen Literaturarchiv und dem neuen Literaturmuseum der Moderne existiert in Marbach am Neckar ein wichtiges Zentrum. In Karlsruhe ist das Museum für Literatur am Oberrhein, im Land verstreut gibt es eine größere Zahl kleinerer literarischer Museen und Gedenkstätten, und nicht nur viele erfolgreiche Autorinnen und Autoren, sondern auch Einrichtungen wie die Landesliteraturtage, die Buchwochen, das Literaturhaus in Stuttgart, die Literarische Gesellschaft in Karlsruhe oder das Forum Allmende machen das Land zu einer lebendigen Literaturregion. Es kommt zwar immer noch vor, daß Poeten den engen und allzu gewohnten Verhältnissen den Rücken kehren; Felix Huby, der wohl jede Woche über irgendeinen Fernsehkanal in den deutschen Wohnzimmern präsent ist, zog es zum Beispiel nach Berlin – aber die Verbindung zum Land ist nicht abgerissen, er schreibt schon auch einmal ein Stück für seine Heimatgemeinde Dettenhausen im Schönbuch oder für das vitale Theater im Melchinger Lindenhof auf der Alb, oder er führt auf Stuttgarter Bühnen schwäbischen Parteifilz um den »Herrn Minischter« vor.

Natürlich gehören in die Bilanz auch negative Posten. Claus Peymann wurde von seiner Stuttgarter Intendanz weggeekelt, weil er sich erlaubt hatte, eine Sammlung für die Zahnarztkosten inhaftierter RAF-Mitglieder zu unterstützen; und inzwischen verließen andere Intendantinnen und Intendanten das Land aus weniger spektakulären Gründen: weil versprochene Zuschüsse in den Sparpaketen von Land und Gemeinden landeten.

Dichterische Nachlässe konnten nicht immer für Marbach gewonnen werden. Man ließ es zu, daß wertvolle mittelalterliche Kunstwerke und Teile der Bibliothek aus Fürstenbergischem Besitz ins Ausland gegeben wurden. Aber alles in allem scheint in dem ganzen Bereich das tatsächliche besser zu sein als das manchmal gefühlte Klima.

Erstaunlich ist nicht nur die kulturelle Dichte, die Vielzahl künstlerischer Angebote, sondern auch deren Niveau. Die Pflege Bachscher Musik trug Helmut Rilling vom Land aus in die halbe Welt – Land übrigens im doppelten Sinn, denn die Keimzelle war die Kantorei der ländlichen Gemeinde Gächingen. Seit Jahren ist Stuttgart abonniert auf die Oper des Jahres. Und in der neuen Musik stehen die Donaueschinger Musiktage oder auch Namen wie der des Komponisten Helmut Lachenmann für übernationale Ausstrahlung.

Überhaupt hat sich Baden-Württemberg zunehmend geöffnet für das Neue in den Künsten. In Karlsruhe wendet sich das ZKM, das Zentrum für Kunst und Medien, in der Ausbildung und in der Präsentation vor allem auch neuen, medial gestützten Techniken künstlerischer Gestaltung zu. Die Ludwigsburger Filmakademie hat sich innerhalb kurzer Zeit durch einfallsreiche Produktionen einen Platz im internationalen Filmgeschäft erobert. Und beachtliche architektonische Entwürfe charakterisieren die neu entstandenen Kunstmuseen, die teilweise aus privater Initiative entstanden sind wie das Vitra Design Museum in Weil am Rhein oder die Sammlungen in Künzelsau und Schwäbisch Hall, für die Reinhold Würth verantwortlich zeichnet, teilweise auch mit öffentlichen Mitteln wie die von James Sterling gestaltete Erweiterung der Stuttgarter Staatsgalerie.

In all diesen Fällen handelt es sich nicht um Demonstrationsobjekte, die am Bedarf des großen Publikums vorbeigehen. Als 2005 in Stuttgart im dicht gedrängten Spielplan des »Theaters der Welt« jeden Tag mehrere hervorragende Aufführungen zur Wahl standen, ließen sich die vermeintlich so nüchternen Stuttgarter in einen Rausch der Begeisterung versetzen – ähnlich wie kurz vorher bei der Eröffnung des neuen Kunstmuseums am Kleinen Schloßplatz oder zwei Jahrzehnte vorher bei der Eröffnung der neuen Staatsgalerie.

Übrigens ist das Gebäude der alten Staatsgalerie erhalten geblieben; die neue ist auf der Galerieebene mit dem alten Museum verbunden. Bei dem Gebäude steht ein Denkmal jenes Königs Wilhelm, der 1827 mit seinem Engagement für die alte Kunst scheiterte, der aber später die Galerie bauen ließ. Und neben dem Gebäude ist eine von Renata Stih und Frieder Schnock entworfene Installation zu sehen mit einer seltsamen Inschrift. Sie verkündet in vier Sprachen – Schwäbisch, Deutsch, Englisch und Französisch –, daß wir keine Kunst brauchen, sondern Kartoffeln. Der alte Spruch ist aufgehoben – aufbewahrt, aber auch ungültig gemacht, in Weltoffenheit überführt.

Städtebilder

Baden-Württemberg ist wie kein anderes Land geprägt durch seine Städte. Zwar treten im Südwesten große Städte nirgends in größerer Massierung auf, sie liegen oft nur knapp über der Hunderttausendergrenze, und keine einzige Millionenstadt ist dabei. Aber eben dies unterstützt die Behauptung. In Baden-Württemberg setzen sich die Städte nicht sehr weit ab von der übrigen Landschaft. Stadt und Land – das ist kein unversöhnlicher Gegensatz, sondern ein freundliches, unaufgeregtes Ergänzungsverhältnis. Es gibt relativ viele kleinere und kleine Städte, und sie verteilen sich über das ganze Land.

Nicht völlig gleichmäßig: In Raumplanung und Statistik wird unterschieden zwischen den Verdichtungsräumen der Ballungsgebiete am mittleren und unteren Neckar, um Karlsruhe und um Freiburg (hier leben auf einem Drittel der Landesfläche fast drei Viertel der Bevölkerung) und dem Rest, also zwei Dritteln der Fläche mit nur etwa einem Viertel der Bevölkerung, der als »ländlicher Raum« gilt. Aber auch dieser ländliche Raum ist bestückt mit Städten und Städtchen, und andererseits gibt es in den Ballungsgebieten oder dicht an ihren Rändern immer noch deutliche Elemente ländlicher Kultur.

Dieses Ineinander hat seine Auswirkungen – für die

Dörfer, aber auch für die Städte. Die Städte liegen in der Reichweite der Dörfer, der ländliche Raum ist nicht abgekoppelt von der Entwicklung, und die Urbanisierung kommt nicht nur als abstraktes Prinzip aufs Dorf. Andererseits sind die Städte mitbestimmt durch ihre ländliche Umgebung und durch ihre eigene ländliche Vergangenheit. Dies gilt natürlich nicht überall in gleichem Maß, aber ausgenommen davon ist nicht einmal die Hauptstadt.

Hauptstadt zwischen Wald und Reben

Friedrich Theodor Vischer, der aus Ludwigsburg stammende Philosoph, schrieb 1873 in hohem Alter einen Roman mit dem Titel »Auch Einer«. Er enthält eine Charakteristik der Schwaben, die von dem damals – und bis heute – verbreiteten Selbstlob abweicht:

Nachdenkliches Wesen, viel Talent, aber da stellt sich das T und L um: Talent bleibt latent. Sind so gescheit wie nur irgendjemand, haben aber wie die Schildbürger beschlossen, heimlich gescheit zu sein. Will nichts heraus. Kein Zusammenleben, keine Gesellschaft – denn verhockte Wirtshauskreise sind nicht Gesellschaft – kein Gespräch ... Guter Verstand überall. Aber kein Gespräch, kein geselliges, verbreitetes, Städte durchfliegendes Ventilieren neuer Dinge, die jedermann interessieren. Kein warmes Wort, kein lebendiger Ideenstreit über neue Bücher, Theaterstücke, Kunstwerke, aufregende politische Ereignisse oder Fragen.

Vischer bringt diese besondere Art mit »der langen Abgeschlossenheit vom großen Verkehr« in Verbindung: »Weltlosigkeit, Versessenheit, Stagnation.« Und in diesem Zusammenhang kommt er auch auf Stuttgart zu sprechen, die Stadt, in der er als Ästhetikprofessor lebte und die er mit einem einzigen Satz charakterisiert: »Hauptstadt in einem Kessel, können nicht oben hinausgucken.«

Hauptstadt in einem Kessel – das ist eine topographische Tatsache. Aber sie kann sehr verschieden aufgefaßt und interpretiert werden. Das zeigt schon die Formel der Fremdenverkehrswerbung: »Großstadt zwischen Wald und Reben«. Schon zur Zeit Vischers gab es auch diese freundliche Perspektive und durchaus positive Stimmen, und sieht man Bilder von Stuttgart an, die aus der Mitte des 19. Jahrhunderts stammen, so wirkt die Kessellage keineswegs bedrohlich. Die Hänge sind noch nicht von Bauten überzogen, und der breite Talgrund weist viele freie oder nur sehr aufgelockert bebaute Flächen auf. Beherrschend ist die Anlage des Neuen Schlosses, und davon ausgehend die Parklandschaft des Schloßgartens, die sich bis zum Neckar hinzieht. Aber dieser Park ist keine grüne Insel im grauen Häusermeer; sieht man von der engen Altstadt ab, schieben sich die Bauten eher zögernd zwischen kleine Wälder, Wiesen, Felder und Rebhänge. Der hohenlohische Schriftsteller Karl Julius Weber berichtete 1826 von einem Besuch in Stuttgart:

*Überall sieht man das Bestreben nach Verschönerung,
denn überall bemerkt man Wohlstand – nur keine Kunst-
gärten?*
Die ganze Gegend ist ein Garten!

Mit der Einführung der Gewerbefreiheit im Jahr 1862
wuchs die Zahl der Fabrikgründungen. Und die Reichs-
gründung, in die auch Vischer eine gewisse Hoffnung für
die Stadt Stuttgart setzte, brachte frischen Wind. Im Jahr
1881 fand eine allgemeine Landesgewerbeausstellung
in Stuttgart statt; nach einem zeitgenössischen Bericht
gab sie »von der Leistungsfähigkeit der Stuttgarter Gewerbe, besonders ihrer Grundpfeiler: des Maschinenbaus
mit seiner überraschenden Spezialitäten-Entwicklung,
der Chemikalien-Erzeugung, der Gewebe-Industrie, der
polygraphischen Gewerbe, der Möbel- und Pianoforte-
Fabrikation, ein vollständiges und hochbefriedigendes
Bild«.

Dies war die andere Seite des Gartenlands – und sie hat
die weitere Entwicklung geprägt. Inzwischen sind die
Hänge überbaut, schöne Wohnlagen, von denen man
zwar nicht »oben hinausgucken« kann, von denen
man aber einen Blick hat auf das pulsierende Leben der
inneren Stadt; und die Häuserlandschaft setzt sich fort
über die Hügel weg – eine große Stadt- und Industrie-
landschaft im Umkreis von ein paar Dutzend Kilometern. Aber noch immer gibt es das Grün, gibt es bäuerliche Einsprengsel, ländliche Zonen. Es herrscht eine
eigentümliche Spannung zwischen Fortschritt und Be-
ständigkeit.

Im Herbst 1944 wurde ein großer Teil der Stadt zerstört. Beim Wiederaufbau und Ausbau wurden die gleichen Fehler gemacht wie in anderen großen Städten: Beschneidung der Innenstadt durch breite Auto-schneisen, Verödung des inneren Kerns durch die Prestigebauten potenter wirtschaftlicher Institutionen, Verlagerung der Wohnlandschaften in die Vororte, wachsende Pendlerströme. Später wurde der Versuch ge-macht, diese Entwicklung wenigstens teilweise zurück-zunehmen. Es entstanden neue Orientierungspunkte in der Stadtmitte, urbane Spazier- und Flanierlandschaften, Erholungsräume. Wo in Stuttgart moderne Akzente ge-setzt werden, dürfen sie sich nicht zu weit vom Tradi-tionellen, vom Gewohnten entfernen. Oder sie brauchen ein Gegengewicht. Moderne oder auch postmoderne Bauten, aber auch die Erhaltung der noch vorhandenen historisierenden Baukunst des letzten Jahrhunderts; der Kleine Schloßplatz, kokett gestuft und verschachtelt, aber auch die klassische Ruhe und Weite des Großen Schloßplatzes; der Fernsehturm, von dem man nun wirklich »oben hinausgucken« kann, aber darunter, im Waldgelände verteilt, die kleinen Vereinsheime und Sportgaststätten. Der populärste der Stuttgarter Ober-bürgermeister, Manfred Rommel, überbrückte die Span-nung auf seine Weise: Er demonstrierte Aufgeschlossen-heit für Neues, bewegte sich in großen planerischen und wirtschaftlichen Zusammenhängen; aber er sprach – und spricht, als könne er das Honoratiorenschwäbisch nicht überspringen, und bindet so seine Weltoffenheit an die Schutzmacht der Tradition.

Karlsruhe war mehr als zwei Jahrhunderte Hauptstadt. Hier residierte der Markgraf von Baden, hier war nach der Entstehung des Landes Baden die großherzogliche Regierungszentrale, war in der Weimarer Republik der Sitz des Staatspräsidenten und in der Zeit des Nationalsozialismus der des Ministerpräsidenten. Als 1945 die in der amerikanischen Zone gelegenen Teile des deutschen Südwestens zum Land Württemberg-Baden zusammengeschlossen wurden, verlor Karlsruhe seine zentrale Funktion; nur eine der Stuttgarter Regierung nachgeordnete Landesdirektion blieb in der Stadt. Ein solcher Funktionsverlust ist mehr als eine Prestigefrage. Zentrale Ämter haben stets die Tendenz zur wuchernden Zellteilung, neutraler gesagt: zur Ausdifferenzierung, und so ziehen sie immer mehr Personal an. In der letzten Phase der Hauptstadt Karlsruhe waren fast 30.000 Menschen in den Behörden beschäftigt.

Es war ein sinnvoller Ausgleich, daß wichtige Bundesbehörden nach Karlsruhe verlegt wurden. Karlsruhe ist der Sitz der beiden höchsten deutschen Gerichte, des Bundesverfassungsgerichts, das darüber wacht, daß Entscheidungen der Regierungen und der Gerichte nicht gegen das Grundgesetz verstoßen, und des Bundesgerichtshofs, der die letzte Instanz für Berufungen in Straf- und Privatsachen darstellt. »Nach Karlsruhe gehen« ist kein Wandervorschlag, sondern der gängige Ausdruck für den Versuch, nach Niederlagen vor einem Gericht doch noch zu seinem Recht zu kommen.

Karlsruhe gilt als »Residenz des Rechts«. Mit dieser Bezeichnung wird nicht nur die Spitzenposition im Rechtswesen markiert, in ihr schwingt auch die Erinnerung mit an die frühere Funktion, an Karlsruhe als wirkliche Residenz. Es ist keine krampfhaft festgehaltene Erinnerung; wer in Karlsruhe lebt und arbeitet, kreuzt unvermeidlich die Spuren der früheren Herrschaft. Nehmen wir das Bundesverfassungsgericht. Es ist in einem modernen, auf Stützen aufruhenden Glasbau untergebracht, der Ende der sechziger Jahre errichtet wurde. Aber er befindet sich am Rand des Schloßplatzes, wo vorher – zunächst in einem Orangeriegebäude, dann in einem klassizistischen Bühnenhaus und schließlich in einem nach italienischem Vorbild gestalteten Bau – die Aufführungen des Hoftheaters waren. Und ehe das Verfassungsgericht seinen Neubau bezog, arbeitete es im Prinz-Max-Palais, einer großzügig ausgestatteten Villa, die von einem Unternehmer gebaut worden war und die Prinz Max von Baden 1899 gekauft hatte.

Das Schloß, in dem jetzt das Badische Landesmuseum untergebracht ist, liegt am nördlichen Rand der Stadt. Aber die radial vom Schloßbereich wegführenden Straßen reichen nicht nur weit in das Erholungsgebiet des Hardtwaldes, ins Universitätsgelände und in Schulbezirke hinein, sondern auch in die Innenstadt. Auf der Karte und im Luftbild wirkt die gesamte Anlage wie ein Rad mit vielen Speichen, der in die inneren Stadtbezirke hineinreichende Teil wie ein geöffneter Fächer. Die Anfänge des Schlosses gehen ins Jahr 1715 zurück. Der Markgraf residierte vorher in Durlach; aber das dortige

Schloß war 1689 von französischen Truppen zerstört und danach nur teilweise wiederaufgebaut worden. Für die Neugründung im Stil der Zeit brauchte es viel Platz und ebenes Gelände – beides fand der Markgraf im Hardt-wald, wo er zunächst einen einfachen Fachwerkbau er-richtete. Sein Nachfolger, der Markgraf Karl Friedrich, ließ das allzu bescheidene und auch schon etwas schad-hafte »Carols-Ruhe« abreißen und aus Stein das stattliche barocke Schloß aufführen, das bei den Luftangriffen des Zweiten Weltkriegs ausbrannte, dann aber wiederher-gestellt wurde.

Karl Friedrich von Baden übernahm als 18jähriger 1746 die Regierung über die Markgrafschaft Baden-Durlach, zu der neben dem Kerngebiet um das spätere Karlsruhe etliche verstreute Territorien am Oberrhein gehörten; 1771 gewann er die Markgrafschaft Baden-Baden dazu, durch Napoleon wurde sein Land beträcht-lich erweitert, und 1806, fünf Jahre vor seinem Tod, wurde er zum Großherzog von Baden erhoben. Die be-sondere Bedeutung dieses Mannes liegt aber nicht allein in der langen Regierungszeit und in der Tatsache, daß unter ihm das neue Land Baden entstand, sondern in dem rundum wohltätigen Einfluß, den er ausübte. Karl Friedrich schaffte die Folter ab, und wenn es nach ihm gegangen wäre, so hätte man schon damals auf die Todesstrafe verzichtet. Er trat ein für Toleranz, der jüdi-schen Bevölkerung gewährte er besondere Schutzrechte. Er setzte sich für die Einrichtung von Sonderkulturen in der Landwirtschaft ein, förderte den Wein- und den Tabakanbau. Er gab der ländlichen Bevölkerung die

Chance, eigene Wege zu gehen, indem er die Leibeigen-schaft aufhob – aus der Überzeugung, »daß das Wohl des Regenten mit dem Wohl des Landes innig vereinigt sei« und daß, wer Freiheit haben will, »jedem andern den Genuß der Freiheit lassen« muß. Die liberale Prägung der Hauptstadt und des ganzen Landes war nicht erst eine Frucht der Entfaltung des Bürgertums im 19. Jahr-hundert; sie ging hier auf die Epoche des aufgeklärten Absolutismus zurück.

Die Dimensionen einer solchen Herrschaft darf man sich freilich nicht zu groß vorstellen. Karlsruhe war zur Zeit der Arrondierung des Großherzogtums ein kleines Städtchen, das kaum 5000 Einwohner zählte; die meisten Straßen waren unbefestigt und die meiste Zeit ver-schlammt, die meisten Häuser aus Holz und Lehm und nicht übermäßig standfest. Um diese Zeit wurde Fried-rich Weinbrenner zum Baudirektor ernannt; er errichtete repräsentative Bauten in einem klaren, an italienischer Baukunst geschulten Stil, und er sorgte für den soliden Ausbau der Wohn- und Geschäftshäuser. Wichtig war aber auch das Wirken des Baumeisters Johann Gottfried Tulla. Er war vor allem Wasserbaumeister und sorgte für die Regulierung des Rheins, setzte aber auch speziell in Karlsruhe einen wichtigen Akzent: Er gründete eine Ingenieur-Schule, aus der später die Technische Uni-versität hervorging.

Im ganzen spielte die Industrie in Karlsruhe zunächst keine sehr große Rolle. Zwar war das Karlsruher Bank-haus Salomon von Haber maßgeblich an frühen Fabrik-gründungen beteiligt; aber sowohl eine große Spinnerei wie eine Zuckerfabrik waren in Ettlingen angesiedelt, und die im Eisenbahnbau führende Maschinenfabrik Kessler erhielt Konkurrenz von ihrem eigenen Gründer Emil Kessler, der 1846 nach Esslingen ging und dort eine neue Maschinenfabrik aufbaute. Bis zum Ende des Ersten Weltkriegs war Karlsruhe in erster Linie Residenz-, Verwaltungs- und Garnisonsstadt.

Erst nach dem Zweiten Weltkrieg kam ein entschiedener industrieller Aufschwung. Der Hafen entwickelte sich zum drittgrößten deutschen Binnenhafen nach Duisburg und Köln; er ist ein wichtiger Umschlagplatz für Erdöl, das in Pipelines von Marseille und Triest hertransportiert wird. Karlsruhe ist aber auch ein Mittelpunkt besonders moderner Industriezweige, mit einer eigenen Technologiefabrik, die mit dem Kernforschungszentrum, den Hochschulen und dem Fraunhofer-Institut zusammenarbeitet. In der Neugründung des Zentrums für Kunst- und Medientechnologie ist die künstlerische mit dieser technologischen Tradition verbunden.

Es gibt in Karlsruhe aber auch deutliche ökologische Akzente – und nicht erst seit gestern. Die aus England kommende Gartenstadtbewegung, deren deutsche Anfänge meist in Hellerau bei Dresden lokalisiert werden, hatte einen wichtigen Ausgangspunkt in Karlsruhe. Hier wurde 1907 die Genossenschaft Gartenstadt Karlsruhe gegründet, und in den Jahren vor dem Ersten Weltkrieg entstand deren erste Siedlung bei Rüppurr – Anregung und Vorbild für mehr als ein halbes Dutzend weitere Wohnsiedlungen, von denen eine sogar auf Planungen von Walter Gropius zurückging. Auf der gleichen Linie liegt es, daß Fragen der Dorfentwicklung zuerst an der Universität Karlsruhe mit am nachhaltigsten behandelt wurden. Außerdem hat die Landesanstalt für Umweltschutz ihren Sitz in Karlsruhe, die jedes Jahr einen Umweltqualitätsbericht herausgibt.

Eine gemischte Struktur also – und sie kommt auch im äußeren Stadtbild zum Ausdruck: Eine geschäftige Handels- und Einkaufsstadt, aber mit ruhigen Wohnvierteln; das Flair der Residenz, aber mit kleinbürgerlichem Einschlag; eine moderne Industriestadt, aber durchsetzt mit ausgedehnten Grünflächen und geöffnet zum Rhein und zu den nördlichen Ausläufern des Schwarzwalds.

Leben im Planquadrat

Wer vom Mannheimer Hauptbahnhof über den Kaiserring in die Innenbezirke geht, erhält den Eindruck einer durch und durch modernen Stadt. Große Ladengeschäfte, mächtige Geschäftsbauten, hohe Mietshäuser; die Straßenführung schnurgerade in einer streng geometrischen Struktur, lauter Quadrate, die nicht etwa durch Straßennamen markiert sind, sondern zur Kennzeichnung eine Kombination aus einem Buchstaben und einer Zahl tragen: D4, S3, K1 … Das alles wirkt ein bißchen ›amerikanisch‹, scheint jedenfalls ein Produkt verbissener Planungswut zu sein, wie man sie den Städtebauern der Nachkriegszeit zutraut.

Aber die in Karrees aufgeteilte Innenstadt ist nicht nur der älteste Teil von Mannheim, auch die rechtwinklige

Anlage der Straßen ist alt und geht auf die Gründung der Stadt zurück. Diese erfolgte allerdings, gemessen an der Vergangenheit vieler anderer großer Städte, relativ spät, aber – lange vor der Gründung Karlsruhes – immerhin vor fast vierhundert Jahren. Vorher war Mannheim ein Fischer- und Bauerndorf. Im Jahr 1606 nutzte Kurfürst Friedrich IV., der in Heidelberg regierte, die strategisch günstige Lage zwischen Rhein und Neckar zum Bau einer Festungsanlage. Aber es ging ihm nicht nur um die rein militärische Funktion, sondern auch um den Handel auf den schiffbaren Wasserwegen; und er suchte als entschiedener Verfechter des Protestantismus Platz zu schaffen für Flüchtlinge, die ihre Heimat aus religiösen Gründen verlassen mußten. Deshalb wurde die Festung durch eine Ansiedlung erweitert, und schon diese erste Stadt gab den Grundriß mit der quadratischen Einteilung vor.

Die Stadt und die Festung hatten keinen langen Bestand. Während des Dreißigjährigen Krieges wechselte der Besitz verschiedentlich zwischen den kriegführenden Parteien; als der Krieg zu Ende ging, waren die Bauten großenteils zerstört. Der Kurfürst holte für den Wiederaufbau neue Leute ins Land. Gegen Ende des 17. Jahrhunderts waren unter den Grundbesitzern mehr Franzosen als Deutsche, dazu noch eine stattliche Zahl von Holländern und etliche Juden. Der regierende Kurfürst Karl Ludwig trat ein für äußerste Toleranz; er verschaffte den jüdischen Bürgern volle Gleichberechtigung, und er gründete französische und holländische Schulen. Aber der Wiederaufbau und die friedliche Entwicklung der

Stadt fanden wiederum ein jähes Ende: Im Pfälzischen Erbfolgekrieg wurde Mannheim 1689 niedergebrannt.

Im gleichen Krieg wurde, wenige Jahre danach, auch das Schloß in Heidelberg zerstört. Für den Neubau, der sich an der großzügigen französischen Schloßanlage Versailles orientieren sollte, war eine große und ebene Fläche notwendig – dafür bot sich Mannheim an. Im Jahr 1720 wurde die Residenz nach Mannheim verlegt; dort entstand das prächtige barocke Schloß, von dem das damals noch erweiterte Gitternetz der Straßen ausging. Daß der Sinn der Gesamtanlage heute weniger klar erkennbar ist, liegt an der dichteren und höheren Bebauung in den Straßengevierten; aber auch der innere Zusammenhang ist abhanden gekommen: Mannheim war nur etwas mehr als ein halbes Jahrhundert Residenz. Unter dem hochgebildeten Kurfürsten Karl Theodor entwickelte sich reges Leben in allen Künsten. Aber schon 1778 trat Karl Theodor sein bayerisches Erbe an und zog nach München. Er nahm nicht nur seine berühmte Gemäldegalerie mit, die danach den Grundstock der Münchner Pinakothek bildete, sondern auch den ganzen erweiterten Hofstaat samt allen Bediensteten, vielen Handwerkern und Handelsleuten, insgesamt rund 5000 Personen, fast ein Viertel der damaligen Einwohnerschaft.

Dies war ein ungeheurer Einbruch für die Stadt, ein Schock. Die Bürger versuchten zu retten, was zu retten war. Sie setzten auf die Kontinuität im Kulturellen, und tatsächlich erlebte vor allem das Nationaltheater bedeutende Höhepunkte – am bekanntesten ist die Aufführung des Trauerspiels »Die Räuber«, geschrieben von dem jungen Friedrich Schiller, der von der Stuttgarter Hohen Carlsschule nach Mannheim geflohen war. Aber nach weiteren zwei Jahrzehnten setzte sich der Abstieg fort: Mannheim wurde badisch, und der Großherzog hatte nichts für den Vorschlag übrig, in Mannheim eine zweite Residenz neben Karlsruhe einzurichten. In ihrer bedrängten Situation blieb der Bürgerschaft – so hat es der Historiker Lothar Gall formuliert – nur die Flucht nach vorn.

Diese trat sie an, indem sie neue Formen bürgerlicher Kultur und Geselligkeit entwickelte, vor allem aber, indem sie Mannheim zu einem Handels- und Wirtschaftszentrum machte. Man setzte auf den Rhein. In den dreißiger Jahren wurde der Hafen ausgebaut, 1842 die »Mannheimer Dampfschleppschiffahrtsgesellschaft« gegründet. Sie hatte schon dadurch eine beherrschende Stellung, daß der Rhein noch jahrzehntelang nur bis Mannheim schiffbar war; dadurch wurde die Stadt zu einem wichtigen Umschlagplatz, von dem die Ware mit der inzwischen ausgebauten Eisenbahn weiterbefördert wurde.

Aber es war nicht der Handel allein, der Mannheim seine Bedeutung zurückgab und die Einwohnerzahl nach 1870 von 40.000 auf mehr als das Sechsfache im Jahr 1925 wachsen ließ. Mannheim wurde Industriemetropole und ist es bis heute geblieben. Großbetriebe des produzierenden Gewerbes beherrschen den Arbeitsmarkt – in den verschiedensten Sparten: Maschinen- und Fahrzeugbau, Motoren- und Elektrotechnik, Textil- und Kunststoff-,

Nahrungs- und Genußmittelherstellung. Mannheim
ist auch eine Arbeiterstadt. Die Sensibilität für soziale
Fragen war hier besonders ausgeprägt. Friedrich Hecker,
Rechtsanwalt in Mannheim, war die Symbolfigur der
48er-Kämpfe, und er formierte schon vor seinem großen,
vergeblichen Auftritt in der Revolution den Widerstand
gegen die Tendenz des Bürgertums, die kleinen Arbeiter
auszugrenzen. Die Siedlungspolitik der Stadt, begünstigt
durch frühzeitige Eingemeindungen, sorgte dafür, daß
den Arbeiterfamilien Wohnmöglichkeiten offenstanden,
die sie nicht völlig von der Natur abschnitten.

Es entspricht dieser Tradition, daß zu den Attraktionen der Stadt wie dem Schloß, der ehemaligen Jesuiten-
kirche, der Kunsthalle und dem im Jugendstil gestalteten
Friedrichsplatz eine neue hinzugekommen ist: das Landesmuseum für Technik und Arbeit. Die Dokumentation
der Technik ist gut aufgehoben in einer Stadt, in der die
Firma Lanz neue Landmaschinen entwarf, von der Berta
Benz 1888 ihre legendäre Autofahrt nach Pforzheim
unternahm und in der Brown Bovery und Cie. die
Dampfturbine entwickelte. Aber auch für die Sozial-
geschichte der Arbeit bietet Mannheim einen günstigen
Boden. Die Spurenelemente höfischer Zeit, die expansi-
ven Schöpfungen des Bürgertums und die Aktivitäten
einer selbstbewußten Arbeiterschaft – all das zusammen
vermittelt Mannheim eine besondere Lebendigkeit.
Leben im Planquadrat? Ja, *Leben* im Planquadrat und
darüber hinaus.

Merkwürdig: um die Schlösser kommt man nicht herum. Auch bei Heidelberg nicht. Wenn man fragt, was den Reiz dieser Stadt ausmacht, dann stößt man zunächst auf die schöne Lage, auf die Begünstigung durch die Natur. Heidelberg liegt am Ende der Bergstraße mit ihrem südlichen Klima. Maulbeerbäume, Feigenbäume und Mandelbäume wachsen dort; an den Hängen um Heidelberg wächst Wein, auf dem Großmarkt werden Obst, Spargel und andere Gemüse aus der Umgebung angeboten. Heidelberg liegt aber auch am Rande des Odenwalds; vom Königstuhl hat man einen weiten Blick hinüber in den Kraichgau und bis in die Vogesen hinein.

Und Heidelberg liegt am Neckar, der sich in diesem letzten Abschnitt vor der Mündung in den Rhein ein breites Bett mit sanften Windungen gebahnt hat. Eine ideale Position, ein Geschenk der Natur. Aber Friedrich Hebbel, einer der vielen Besucher aus dem Norden, hatte recht, wenn er schrieb, »die Natur, so schön sie ist, tut's nicht allein; Heidelberg könnte eher einen Berg als das Schloß entbehren.«

Es ist eine andere Schloß-Geschichte als in Mannheim oder Karlsruhe. Das Heidelberger Schloß prägte nicht in gleichem Umfang die Struktur der Stadt. Zwar findet sich auch hier in der Altstadt ein planmäßiges Gitternetz von Straßen; aber der Lauf des Neckars setzt den wichtigsten Akzent und zieht das Gitternetz in die Länge, und das Schloß steht abseits auf dem Berg. Es begann seine stärkste Wirkung zu entfalten, nachdem es zerstört war. Dies geschah zweimal. Manche Heidelberger und selbst lässige Fremdenführer bleiben stehen beim Einfall der Franzosen im Jahr 1693, bei dem tatsächlich die Schloßmauer gesprengt und die Räume niedergebrannt wurden. Dies führte zur Verlegung des Regierungssitzes nach Mannheim. Aber der Kurfürst Karl Theodor ließ die Schloßbauten erneuern – bis im Jahr 1764 ein Blitzschlag die Anstrengungen zunichte machte. Hölderlin, der damals in Bad Homburg lebte, besang 1799 Heidelberg als »der Vaterlandsstädte ländlichschönste«, besang den Wald und die Berge, den Strom und die Brücke. Am Ende seines Gedichts spricht er vom Schloß:

Aber schwer in das Tal hing die gigantische
schicksalskundige Burg, nieder bis auf den Grund
von den Wettern zerrissen;
doch die ewige Sonne goß

ihr verjüngendes Licht über das alternde
Riesenbild, und umher grünte lebendiger
Epheu; freundliche Wälder
rauschten über die Burg herab.

Sträuche blühten herab, bis wo im heitern Tal,
an den Hügel gelehnt oder dem Ufer hold,
Deine fröhlichen Gassen
unter duftenden Gärten ruhn.

In diesen Verszeilen ist visionär die Wendung vorweggenommen, die der Schloßruine eine neue Funktion gab: düsterer Kontrast zur Heiterkeit des Tals, und doch integriert in das anmutige Bild. Diese Wendung ist verbunden mit dem Stichwort Romantik. In Heidelberg brachten Arnim und Brentano die altdeutsche Liedersammlung »Des Knaben Wunderhorn« heraus, Görres schrieb über die »teutschen Volksbücher«, Creuzer entwarf seine vergleichende Mythologie, und auch die Brüder Grimm werden wegen ihrer engen Verbindung zu Brentano der »Heidelberger Romantik« zugeordnet. Es ist sicher nicht falsch, mit dieser gefühlvollen Hinwendung zum Altdeutschen, zur Vergangenheit auch die Aufwertung des zerstörten Schlosses in Zusammenhang zu bringen. Allerdings muß hinzugefügt werden, daß die Bewohner Heidelbergs für die Erhaltung der alten Mauern wenig übrig hatten und daß sie wohl kaum durchgesetzt worden wäre, wenn sich nicht von Mannheim aus der später ermordete Dichter August von Kotzebue dafür eingesetzt hätte und wenn nicht ein Franzose, der Graf Charles de Graimberg, die Rettung der Schloßruine zu seiner Lebensaufgabe gemacht hätte.

Heidelberg – das ist natürlich nicht nur das Schloß, das sind nicht nur die Gassen der Altstadt. Heidelberg ist auch eine berühmte Universität. Sie hat bekannte Namen aufzuweisen und Institutionen von internationalem Rang. Aber das internationale Ansehen hat großenteils eine andere Färbung. Die Fremden, die nach Heidelberg kamen, nahmen die flanierenden, kneipenden und feiernden Studenten als willkommene Statisterie des schönen Panoramas, und tatsächlich gedieh die Burschenherrlichkeit mit ihren nationalen Obertönen hier besonders gut. Verewigt wurde das freie akademische

Leben in einem seichten, aber ungeheuer wirkungsvollen Theaterstück mit dem Titel »Alt-Heidelberg«: Der Erbprinz Karl Heinrich läßt das freudlose Hofleben zurück, kommt an die Universität, verliebt sich in die Kellnerin Käthi, muß aber wieder zurück in die Einsamkeit seines Schlosses. Dieses 1901 entstandene Stück, das die Namen Karl-Heinz und Käthe zu Modenamen machte, war und blieb ein Erfolgsschlager. 1927 wurde das Stück in Hollywood verfilmt und formte das Bild Heidelbergs vor allem für die vielen amerikanischen Besucherinnen und Besucher. Daß Heidelberg im Krieg verschont wurde und daß sich dort das amerikanische Hauptquartier einrichtete, hat mit »Alt-Heidelberg« zu tun. Das romantische Bild hat sich bis heute weitgehend erhalten. Daß die Amerikanerin Erica Jong die »trostlosen« Seiten der Stadt beschreibt und die Spuren des Dritten Reichs mit der ›altgermanischen‹ Thingstätte, die auf dem über der Stadt gelegenen Heiligen Berg errichtet wurde – das ist die Ausnahme.

Der Strom der Tagestouristen überschwemmt die Hauptstraße, die zu einer großen Einkaufsstraße geworden ist. Nicht nur für Amerikaner, auch für Japaner gehört Heidelberg zu den obligatorischen Zielen. Die Stadt sucht neue Orientierungen. Sie beginnt sich zu wehren gegen die Discountromantik, pocht auf die wirklichen Schönheiten. Aber sie bleibt doch auch Alt-Heidelberg.

In der anderen Universitätsstadt am Neckar, Tübingen, lassen sich viele Parallelen entdecken. Auch Tübingen erlitt im Krieg fast keine Schäden. Der mittelalterliche Stadtkern ist gut erhalten. Sogar das Schloß, das heute einige Universitätsinstitute beherbergt, ist heil geblieben – als die französischen Truppen 1693 die Zerstörung planten, gelang es einem weltläufigen Theologieprofessor, den Sprengmeister zu bestechen und die Pulverladung so gut wie unschädlich zu machen. Die Universität mit rund 25.000 Studierenden prägt auch hier das Bild der Stadt: Tübingen habe keine Universität, es sei eine Universität, sagt man. Die Verbindungshäuser mit ihren Türmchen und Erkern beherrschen die Hügel über dem Neckar, und auf dem Neckar vergnügen sich die jungen Leute auf Stocherkähnen und in Ruderbooten.

Aber das Klima, auch das geistige Klima, ist anders. Die Universität, heute so modern ausgebaut wie die Heidelberger, hat eine andere Tradition. Tübingen war ein Zentrum der Reformation; berühmteste Einrichtung der Universität war das Evangelische Stift, das den kostenlosen Zugang zum Theologiestudium ermöglichte, aus dem aber nicht nur Theologen hervorgingen: Auch Johannes Kepler, Hegel, Hölderlin, Wilhelm Hauff und Friedrich Theodor Vischer waren »Stiftler«.

Die Stadt: keine Residenz. Sie ist nicht nur kleiner als Heidelberg, sie ist auch enger, weniger offen. Auch das Neckartal ist enger, an den Ufern, wo sie nicht überbaut sind, ziehen sich Äcker und Wiesen hin. Der Charakter der Landschaft ist ernster. Fast möchte man es symbolisch nehmen, daß Hölderlin in Heidelberg die Nähe seiner Geliebten suchte, während er im Turm über dem Tübinger Neckar die letzten Jahrzehnte seines Lebens umnachtet und hellsichtig zugleich verbrachte.

Die Stadt gab sich lange introvertiert; die Aufmerksamkeit war nicht nach außen gerichtet. Im Keller des Schlosses Hohentübingen lagert ein Faß, das ungefähr so groß ist wie das Heidelberger – aber es wurde kaum einmal als Attraktion verkauft, nicht einmal als Postkarte, während das Heidelberger Faß mit dem zwergwüchsigen Hofnarren Perkeo zu den beliebtesten Motiven gehört. Der Rittersaal des Schlosses Hohentübingen diente nur selten zu Vereinsfeiern; jetzt hat ihn die Stadt ganz der Universität überlassen, die dort ein Antikenmuseum einrichtete. In den kleinen Weinwirtschaften saßen überwiegend Einheimische. Die Nachfrage in den Hotels war nur dann besonders lebhaft, wenn in der Kunsthalle eine der spektakulären Ausstellungen gezeigt wurde.

Aber das hat sich allmählich geändert. Die untere Stadt, früher bewohnt von armen Weingärtnern, von Eisenbahnarbeitern und kleinen Handwerkern, wurde zu einem malerischen Alt-Tübingen stilisiert. Gassen, in denen es früher nur enge Wohnungen, einen Bäcker und einen Metzger und ein paar kleine Gaststätten gab, sind heute bestickt mit Boutiquen, aber auch mit Antiquitätengeschäften. Der Schick des Musealen ist auch hier entdeckt – die alten Tübinger sehen es mit gemischten Gefühlen.

Die positive Seite ist, daß mehr Leichtigkeit in die Stadt gewandert ist. Der Platz vor dem Rathaus, an dem an drei Vormittagen in der Woche Markt gehalten wird, ist an Sommerabenden übersät mit jungen Leuten, die sich unterhalten, musizieren, zuhören. An manchen Wochenenden dringt Musik von dort durch die halbe Stadt. Von den Anlagen am Neckar herauf tönt das Sommertheater, unter den Platanen breitet sich die ›Sommerinsel‹ mit ihrem bunten Angebot aus, und auf dem Neckar schaukeln die Boote. Eine fast südliche Stimmung – freilich in Grenzen gehalten durch die strengeren Bewohner der Stadt. Und durch die Unzuverlässigkeit des Wetters.

Die südlichste Stadt

Auf der Landkarte sind die südlichsten Städte des Landes Bad Säckingen und Rheinfelden. Aber Freiburg im Breisgau hat mit 10,3° die höchste durchschnittliche Jahrestemperatur in Deutschland. Und wenn südlich nicht nur die geographische Lage und den Wärmegrad meint, sondern ein Klima im übertragenen Sinn, wenn das Wort also einen bestimmten Stil und eine bestimmte Lebensart anvisiert, dann ist es vollends gerechtfertigt, Freiburg als unsere südlichste Stadt zu bezeichnen.

Der Markt am Fuß des Münsters – ein buntes Menschengewimmel, überladene Stände, Gemüse, Obst, Früchte in allen Farben. Breite Straßen, durch die nur die Straßenbahn fährt. Straßencafés und fliegende Händler. Schmalere Gassen, begleitet von glitzernden Stadtbächen. Große Wirtshausschilder, die in getäfelte Stuben locken. Brunnen und kleine Parkanlagen. Die bloße Aufzählung wirkt verhältnismäßig matt, wie die Beschreibung eines Nebenschauplatzes der »Schwarzwaldklinik«; aber nichts ist Kulisse, nichts nur demonstrative Heimatstaffage, alles eine ganz alltägliche, höchst lebendige Freiluftveranstaltung.

Dieses bunte Leben sticht die Universität, obwohl diese auch in Freiburg die größte Institution ist, aus. Oder richtiger: es gemeindet sie ein. Die Albert-Ludwigs-Universität hat so viele berühmte Namen aufzuweisen wie die anderen alten Landesuniversitäten. Doch mit ihr ist immer auch die Vorstellung von Freizeit verbunden. Ein Freiburger Archäologe formulierte es so: Die Studenten kämen weniger, um in den Hörsälen, »als in freier Luft bei Professor Schauinsland und Professor Feldberg zu hören«. Aber abgesehen davon, daß man bei den Professoren Schauinsland und Feldberg einiges lernen kann – es handelte sich keineswegs nur um ein Rezept für Bummelstudenten. Auch Max Weber erzählt, daß er einmal in der Woche mit Freunden in einen Landgasthof zog, und Walter Benjamin studierte in Freiburg, um dort »wundervolle Sommer« zu erleben. Arbeit und Vergnügen, im Schwäbischen noch immer wenig versöhnte Gegensätze, gehen hier Hand in Hand.

Ausgleich von Gegensätzen – dies scheint Freiburg in Geschichte und Gegenwart besonders zu charakterisieren. Freiburg ist seit 1821 Sitz eines Erzbischofs, und auch die Universität ist katholisch geprägt. Nach dem Wiener Kongreß trug sich der badische Großherzog mit dem Gedanken, die Freiburger Universität einzusparen. Aber den Hof beeindruckte das Argument, daß in dem konfessionell gemischten Land auch eine katholische Universität sein müsse. Die Denkschrift »für die Erhaltung der Universität Freiburg«, in der dies vorgetragen wurde, kam aus der Feder des Geschichtsprofessors Karl von Rotteck, der später wegen seiner liberalen Haltung entlassen wurde; von ihm stammt der Ausspruch: »Lieber Freiheit ohne Einheit als Einheit ohne Freiheit.« Im badischen Kulturkampf der sechziger Jahre spielte Freiburg auf katholisch-kirchlicher Seite eine wesentliche Rolle; doch von Freiburg ging später auch das Arrangement mit dem Staat aus, das die Trennung von Staat und Kirche bestätigte, der Kirche zugleich aber neue Bewegungsfreiheit verschaffte.

Das Wahrzeichen Freiburgs ist der 115 Meter hohe Münsterturm. Wenige Jahre nach seiner Vollendung wurde das ganze Oberrheingebiet von einem fürchterlichen Erdbeben erschüttert, das in Basel das Münster zum Einsturz brachte. Der Freiburger Münsterturm blieb heil. Er überstand auch die Franzosenkriege, in denen die Stadt lange von französischen Truppen besetzt war. Und er blieb stehen, als 1944 ein Bombenangriff fast die ganze Altstadt zerstörte. Carl Jacob Burckhardt, der sich sonst mit mittelalterlichen Bauten nicht anfreunden konnte, nannte ihn »die große seelische Magnetnadel« und »den schönsten Turm der Christenheit«. Auch der feingliedrige Bau dieses Turms übersteigt alles eng oder dumpf Religiöse.

In Freiburg gibt es ein merkwürdiges Zusammenspiel von Jung und Alt. Freiburg: eine junge Stadt. Freiburg: eine Stadt der Pensionisten, der alten Menschen. Beides stimmt, und es verträgt sich miteinander. Das heißt nicht, daß Alte und Junge stets die gleichen Wege gingen. Vor einigen Jahren besetzten Hunderte von jungen Leuten Wohnhäuser im Dreisameck, die einer profitträchtigen

Luxussanierung geopfert werden sollten. Sie lieferten sich Straßenkämpfe mit den »schwäbischen Besatzungsgruppen«, der aus Göppingen herbeigerufenen Bereitschaftspolizei. Als sie vertrieben waren, besetzten sie andere Häuser – die gleichen Kämpfe, das gleiche Ende. Die älteren Freiburger Bürger verfolgten die Auseinandersetzungen mit Widerwillen – aber der galt eher der Form der Auseinandersetzung als dem Anlaß. Das Unbehagen über allzu flotte Modernisierungsmaßnahmen, über die Betonierung und Verstopfung der Stadt ist weit verbreitet. Freiburg hat einen besonders hohen Anteil an Wählern, die sich für die Grünen entscheiden. Es sind die Jungen, die aufgeschreckt sind durch ökologische Gefahren, und es sind Alte – zum Beispiel solche, die ihr Leben lang gewandert sind mit dem Schwarzwaldverein, der 1864 in Freiburg gegründet wurde.

Freiburg, die Stadt, deren Grenzen Schwarzwaldberge und weite Flächen in der oberrheinischen Tiefebene umschließen, geht sehr bewußt mit der Natur um. In den neuen Stadtteilen dominieren ökologische Bauweisen. Alternative Projekte sind über die ganze Stadt verteilt: die Grether Fabrik, die Fabrik in der Habsburger Straße, die Medienwerkstatt, das Kommunale Kino, die Freie Künstlergruppe. Die bildende Kunst hat ihren Platz in vielen Ateliers und Galerien gefunden. Die Geschäftigkeit der Industrie- und Dienstleistungsbetriebe ist eingebettet in eine Landschaft der Ruhe und der Besinnung. »Großstädtisches Leben im Schongang« – so hat man das Leben in Freiburg charakterisiert. Damit können sich die Freiburgerinnen und Freiburger anfreunden. Sie sind sich einig darin, daß Lebensqualität nicht in den hohen Gängen zu erreichen ist.

Alte Reichsstadtherrlichkeit

Der vorletzte Montag im Juli ist in Ulm ein Festtag. Der Oberbürgermeister gibt der versammelten Bürgerschaft einen Rechenschaftsbericht und erneuert das Gelöbnis, »Reichen und Armen ein gemeiner Mann zu sein in allen gleichen, gemeinsamen und redlichen Dingen ohne allen Vorbehalt.« Bei der Friedrichsau erfreuen sich Tausende von Zuschauern am »Nabada« – Unkundige vermuten hinter diesem Wort einen südamerikanischen Tanz, in Wirklichkeit ist es das »Hinabbaden«, ein lustiger Wasserfestzug auf der Donau, alle paar Jahre ergänzt durch das »Fischerstechen«, bei dem historisch kostümierte Gestalten versuchen, einander mit einer Lanze aus dem Boot zu stoßen. Der Schwörmontag geht zurück auf die Reichsstadtzeit. Seit der zweiten Hälfte des 17. Jahrhunderts wurde an diesem Tag der Rat und der regierende Bürgermeister in die Verantwortung genommen. Es war ein symbolischer Akt, aber mit tiefer praktischer Bedeutung: Der Rat einer Freien Reichsstadt war keinem Landesherrn untertan, und der Ulmer Rat regierte ein großes Gebiet, das über die Alb bis hinüber ins Filstal reichte.

Im Jahr 1802 kam Ulm zunächst an Bayern, 1810 an Württemberg. Mit dem Ende der Reichsstadtzeit hatte der Schwörmontag seine ursprüngliche Funktion verloren. Aber im Verlauf des 19. Jahrhunderts wurde er erneuert, und bis heute wird daran festgehalten. Ein historisches Zitat? Ja, aber nicht nur. Abgesehen davon, daß der Gemeinde und zumal einer großen Stadtgemeinde immer noch wichtige Entscheidungen vorbehalten sind, macht der Schwörmontag deutlich, daß reichsstädtisches Gepräge das formale Ende der Reichsstadtzeit überdauert hat.

Daß die Ulmer die Erinnerung an die Vergangenheit der Stadt wachhalten, ist angesichts der unvergleichlichen Größe und Bedeutung des mittelalterlichen Ulm nicht verwunderlich. Aus der kleinen Königspfalz wurde unter den Staufern eine mächtige Stadt, die wichtigste im Herzogtum Schwaben. Die Lage an der Donau brachte ihr große Vorteile. Der Fernhandel mit Leinwand, die seit dem 14. Jahrhundert auch in Webstuben auf der Ulmer Alb hergestellt wurde, machte die Stadt reich; eine der wichtigsten Handelsstraßen zwischen Flandern und Venedig wurde von der Stadt kontrolliert. Stattliche Bauten, zum Teil nach den verheerenden Kriegszerstörungen erneuert, zeugen noch immer von der damaligen Blüte: das Rathaus mit einer astronomischen Uhr, Schwörhaus, Schuhhaus, Kornhaus, der Neue Bau. Das sprechendste Zeugnis ist das Münster, ausgeschmückt von berühmten Künstlern, erbaut mit einem Fassungsvermögen von 30.000 Personen zwischen 1377 und 1529, in einer Zeit, in der die Stadt knapp 20.000 Einwohner zählte.

Aber das Münster in seiner heutigen Gestalt ist ein Produkt des 19. Jahrhunderts – Zeichen dafür, daß die alte Reichsstadtherrlichkeit nicht nur nostalgische

Erinnerung blieb, sondern als Verpflichtung und fortwirkende Kraft verstanden wurde. Bürgerliche Gruppierungen, voran der »Verein für Kunst und Altertum in Ulm und Oberschwaben«, setzten sich ein für die Vollendung des Münsters, dessen Türme im Mittelalter nicht mehr ausgebaut worden waren. Der Westturm wurde noch ein Stück höher gezogen, als es in den Plänen vorgesehen war: Mit 161 Metern übertrafen die Ulmer den Kölner Dom – eine gezielte Rekordleistung der Ulmer Bürgerschaft. »Göttlich, ihr Brüder, ist Bürgerharmonie, glücklich sind Ulmer nur einzig durch sie«, dichtete damals ein Ratskonsulent. Die starke bürgerliche Tradition, ein Erbe der Reichsstadtzeit, wurde gestärkt und erneuert.

Sie bewährte sich auch nicht nur in dieser künstlerischen Demonstration. Ulm erholte sich auch wirtschaftlich. Zunächst dank einem Geschenk des Deutschen Bundes, der Ulm mit seinen alten Bastionen als Bundesfestung auswählte und eine Festungs- und Garnisonsstadt entstehen ließ. Dann, als zum Jahrhundertende die bedeutungslos gewordenen Festungsgürtel durch die Stadt aufgekauft und damit neue Flächen erschlossen wurden, durch die Ausdehnung und Verdichtung der Ulmer Industrie. Die Stadt, Tor nach Oberschwaben und heute zusammen mit dem benachbarten Neu-Ulm eine Brücke ins bayerische Schwaben, profitierte von günstigen Voraussetzungen.

Zu diesen gehörte auch, daß Ulm eine besonders mächtige und lange Zeit wohlhabende Reichsstadt war. Keine andere Reichsstadt im Land hatte so großen Besitz, und nur wenige andere näherten sich im Umfang ihres Territoriums den Ulmern wenigstens an: Hall und Rottweil, Heilbronn, Gmünd und Überlingen. Die kleineren Reichsstädte taten sich schwerer, mit dem reichsfreien Erbe zu wuchern; sie litten darunter, daß sie nach Jahrhunderten weitgehender Selbständigkeit zurückgestutzt wurden. Wer von Ulm nach Norden fährt, trifft auf etliche dieser kleinen reichsfreien Territorien: Giengen an der Brenz, ein kleines Städtchen ohne Hinterland; Aalen, wo sich der Dichter Schubart in seiner Jugend an den Misthäufen und der »donnernden Mundart« seiner Landsleute erfreute; Bopfingen gar, die kleinste und letzte der 37 schwäbischen Reichsstädte, die als ein schwäbisches Schilda verspottet wurde, weil der großartige Selbständigkeitsanspruch in krassem Mißverhältnis stand zu der kleinkarierten Realität.

Aber das ist nur die eine Seite. Auf der anderen gilt auch für diese Städte und Städtchen, daß sie wichtige Funktionen an sich zogen, daß sie eine eigene Kultur entwickelten, daß sie ein Stück bescheidene Urbanität aufs Land brachten. Die vielen kleinen Städte, Reichsstädte wie Landstädte, sind es, die als Knotenpunkte des gesellschaftlichen und wirtschaftlichen Lebens über die Landschaften verteilt sind und die dafür sorgen, daß es Provinz im Sinne extremer Abgeschiedenheit in Baden-Württemberg kaum gibt.

Aus der Fremde, in die Fremde

Früher wurde, wenn von der Bevölkerung und ihren Ursprüngen die Rede war, gern mit dem Begriff Stamm operiert. Das Wort vermittelt einen Eindruck von Kraft und Dauer, das ›Angestammte‹ reicht in die Tiefe und hat festes Wurzelwerk. In Wirklichkeit waren die germanischen Stämme – in unserem Fall also die Franken und Alemannen – verhältnismäßig lockere Zusammenschlüsse, und sie saßen nicht etwa seit Urzeiten an Ort und Stelle, sondern drangen im Zug der sogenannten Völkerwanderung nach Süden vor. Die Alemannen drängten die Römer zurück, die bald nach dem Beginn unserer Zeitrechnung bis an die Donau vorgestoßen waren und noch im ersten Jahrhundert n. Chr. weitere große Teile des heutigen Landes Baden-Württemberg besetzt und mit dem Limes abgesichert hatten. Von dieser Grenzbefestigung, die in schnurgerader Linie vom Odenwald bis nach Lorch im Remstal und von dort in nordöstlicher Richtung hinüber ins Bayerische verlief, sind noch Reste erhalten; und dies sind nicht die einzigen Spuren der Römer. Sie brachten so wichtige Neuerungen wie den Steinbau und den Weinbau mit; die von ihnen ausgebauten ›Römerstraßen‹ bestimmten teilweise das spätere Wegenetz, und sie stellten die Sprache bereit, die jahrhundertelang Verständigungsmittel der Gebildeten blieb. Die Römer hatten ihrerseits die durch viele Grabungen nachgewiesene Kultur der Kelten überlagert, eine agrarische Kultur, in der es aber auch Handelsbeziehungen zu den Ländern am Mittelmeer gab.

Es ist also eine durchaus vielschichtige und bunte Historie, welche die Frühzeiten bestimmt, und auch nachdem die Alemannen und Franken endgültig festen Fuß gefaßt hatten, bedeutete dies keinen Ausschluß fremder Einflüsse. Die weiträumige Herrschaft von Königen und Kaisern brachte, zumal in vielen Kriegszügen, immer wieder Fremde ins Land. Und auch die Anstöße zur Christianisierung kamen von außen: Vor allem iro-schottische Missionare verbreiteten die neue religiöse Lehre und gaben vielen der frühen Klostergründungen ihr Gepräge.

Die germanische Bevölkerung, in der gewiß beträchtliche Reste älterer Bevölkerungsgruppen aufgegangen sind, entwickelte ihre Kultur also nicht nur aus sich heraus. Das Neue, das ältere Traditionen verdrängte und seinerseits zur Tradition wurde, kam oft von außen. Und dieser Befund darf auch für die neuere und neueste Zeit Geltung beanspruchen.

Kunst in europäischen Bezügen

Über dem unteren Tor des Tübinger Schlosses ist das württembergische Herzogswappen in Stein genauen; im Kreis um dieses Wappen sind die Worte eingraviert: »Hon(i) soit qui mal y pense«, auf deutsch: Weh dem, der

schlecht darüber denkt. Dies ist die Devise des Hosen-
bandordens, einer angesehenen englischen Auszeichnung, um die sich der württembergische Herzog Friedrich I. lange bemühte und die ihm der englische König
schließlich eher widerwillig verlieh. Im Jahr darauf wurde
mit dem Bau des prächtigen Schloßportals begonnen;
die internationale Verbindung und Auszeichnung des
Herzogs wurde demonstrativ in die Mitte gerückt.

Auf eine Reise nach Italien nahm Herzog Friedrich seinen Baumeister Heinrich Schickhardt mit, der in seinem
Tagebuch skizzierte, was er an Künsten und Techniken
beobachtete. Er war ein durchaus selbständiger Künstler; die Anlage Freudenstadts, das Ende des 16. Jahrhunderts neu gegründet wurde, die dortige Stadtkirche, der
Neue Bau in Stuttgart und viele andere Bauten bezeugen
seine Originalität. Aber auf seinen Reisen beschäftigte er
sich mit Leonardos Plänen für Mühlwerke, Brunnen und
Kanalbauten und nahm auch sonst zahlreiche Anregun-
gen auf: Kunst und Technik standen in europäischen
Zusammenhängen.

Deutlicher noch als in der Renaissance wurde dieser
europäische Akzent in der Barockzeit. Ein Beispiel:
Sankt Blasien. Diese Klostergründung im südlichen
Schwarzwald kam schnell zu großem Grundbesitz und
Wohlstand. Mitte des 18. Jahrhunderts wurde der Abt
zum Reichsfürsten ernannt. Um diese Zeit begann der
Ausbau des Klosters durch den Vorarlberger Johann
Michael Beer. 1768 brannte die Anlage nieder. Im Kon-
vent wurde der Neubau der Klosterkirche diskutiert. Ein
Pfarrer sagte, wenn die fürstlichen Personen kostbare

Paläste und »ansehnlichste casernes« erbauten, dann könne man es den geistlichen nicht verargen, »wenn sie eben nach heutigem Geschmack dem Großen Gott nach maßgab ihrer miteln einen anständigen Tempel« errichteten. Den »heutigen Geschmack« vertrat der Südfranzose Pierre Michel d'Ixnard, der die mächtige, an den Petersdom in Rom erinnernde Kuppelkirche im klassizistischen Stil entwarf, zusammen mit einem zweiten Franzosen, Nicolas de Pigage, der vorher die Bauten im Schwetzinger Schloßpark und das Heidelberger Karlstor entworfen hatte.

Der Seitenblick jenes Pfarrers auf die »fürstlichen Personen« hatte gute Gründe. Ganz unten im Südwesten gab es keinen besonders reichen und mächtigen weltlichen Fürsten, der an ein eigenes Versailles hätte denken können; die Kloster- und Kirchenbauten blieben die Dominante. Aber weiter im Norden, in Karlsruhe, Bruchsal und Mannheim, in Stuttgart und Ludwigsburg eiferten die Regenten dem französischen Hof nach. Herzog Carl Eugen holte Philippe de La Guêpière als Oberbaurat nach Stuttgart; er vollendete das Stuttgarter Neue Schloß und baute die Lustschlösser Solitude und Monrepos. Für das Mobiliar waren Pariser Ebenisten zuständig, und auch was sich im Innern der Schloßbauten an Kunst entfaltete, hatte europäischen Zuschnitt: Theatergruppen aus England, Frankreich und Italien; Instrumentalisten gleichfalls aus diesen Ländern, aber auch aus Polen und Österreich; italienische Sängerinnen und Sänger, französisches Ballett. Wer sich die Kunst dieser Zeit vergegenwärtigt oder auch nur die Namen bedeutender Künstlerinnen und Künstler aufzählt, gerät in ein Gefilde exotischer Klänge und Bilder. Und doch ist die Rede vom eigenen Land.

Importierte Traditionen

Aber täuscht nicht diese schmale Deckschicht internationaler Kultur, ist die wirkliche Substanz und Eigenart nicht erst darunter zu erwarten? War der Glanz und Prunk des höfischen Lebens nicht eine drückende Last für das Volk? Tatsächlich kam es oft zu Widerspruch und Widerstand. In Württemberg versuchten zumal die evangelischen Geistlichen immer wieder, die Herzöge von ihrer Prunksucht ab und auf den rechten Weg zu bringen, und sie fanden dabei die – wenigstens heimliche – Unterstützung des Volks.

Auch das Regiment kirchlicher Herrscher ließen die Menschen nicht klaglos über sich ergehen. Im Gebiet von Sankt Blasien kam es in der ersten Hälfte des 18. Jahrhunderts zu den »Salpetererkriegen« zwischen aufständischen Bauern und Arbeitern unter dem Salpetersieder Hans Albiez und dem Kloster. Es ist anzunehmen, daß die Nachkommen der Aufständischen die aufwendige Bautätigkeit des Klosters mit Unbehagen verfolgten. Die Pracht der Herrschaftssitze und das karge Leben der Untertanen – das waren verschiedene Welten.

Aber um völlig getrennte Welten handelte es sich nicht. Die üppige Ausstattung und die sinnlichen Rituale der katholischen Kirche fanden in der Volksfrömmigkeit ihren Widerhall. Und auch in den weltlichen Residenzen, vor allem den kleineren, blendete der Glanz des Hofes nicht nur, sondern strahlte aus auf die Umgebung. Es entwickelten sich Feste und Bräuche, bei denen die einfachen Leute nicht nur Staffage waren, sondern freudig Beteiligte. In Grosselfingen, einem kleinen Dorf im Hohenzollerischen zwischen Hechingen und Balingen, findet noch immer in jedem fünften Jahr eine besondere Fastnachtsaufführung statt. Der Ort verwandelt sich in das »Venetianische Reich«, in dem besondere Gesetze gelten und das vom Narrenvogt regiert wird. Ein Narrengericht ahndet Verstöße gegen die närrischen Regeln. Farbig-fröhliche Kostüme wechseln mit schwarzen Kapuzengewändern. Ein Umzug, eine besondere Mahlzeit und schließlich der dramatische Streit um den Sommervogel, der von Räubern gestohlen, aber wieder beigebracht wird, machen den Tag zu einem bunten Schauspiel, an dem fast das ganze Dorf aktiv beteiligt ist. Der Brauch wurde von einem der Herren von Bubenhofen, also der Ortsherrschaft, gestiftet – eine Inszenierung gemeinsam mit den Untertanen, die wohl dem venetianischen Karneval nachempfunden war. Überhaupt sind die Fastnachtsbräuche, die oft so schnell als altgermanisch und heidnisch etikettiert wurden, ein gemeinsames Erbe der katholischen Länder, und viele Elemente wurden aus der Fremde übernommen.

Auch ganz elementare Tatsachen des täglichen Lebens sind teilweise Anstößen von außen zu verdanken. Manche Hygienevorschriften – bis hin zur oft karikierten schwäbischen Kehrwoche – sind nicht Ausfluß eines zeitlosen ›Stammescharakters‹, sondern ebenso wie manche Charakteristika des Verwaltungsaufbaus und des Rechtswesens die Folge napoleonischer Reformen. Selbst die immer wieder als ›Nationalspeisen‹ bezeichneten Gerichte kommen vermutlich aus anderen Ländern: die schwäbischen Spätzle verweisen schon in ihrem Namen, der wohl auf »spezzato« (ungefähr: das Geschnetzelte) zurückgeht, aufs Italienische; und daß die Schwaben kein Patent auf die Maultaschen haben, ist in unserer Zeit der internationalisierten Küche leicht an verwandten italienischen, aber auch an russischen und chinesischen Speisen abzulesen.

Nicht einmal die Sprache, die ja doch ein besonderer Schutz des Eigenen und Eigentümlichen sein könnte, garantiert die Abwehr des Fremden. Es gibt zahlreiche Eindringlinge in unseren Wortschatz; lange Zeit waren es vor allem französische Vokabeln und Wendungen, die selbst in der dialektgefärbten Umgangssprache ihre Spuren hinterließen: Chaiselongue und Plafond, Trottoir und Chaussee, genant, pressant, malade – die Liste ließe sich lange fortsetzen. Bei allen Traditionen ist grundsätzlich mit der Möglichkeit der Übertragung aus anderen Sprachräumen zu rechnen. Um die Mitte des 19. Jahrhunderts war der Tübinger Orientalistikprofessor Ernst Meier unterwegs, um Volksüberlieferungen zu sammeln. Im Oberland zeichnete er ein Märchen auf, das vom »König Blaubart« und seiner Überwindung erzählt. Der Name Blaubart verrät, daß auch diese Geschichte aus dem Französischen kam: Er taucht, als Barbebleue, zuerst in einer Erzählung von Charles Perrault aus dem

Jahr 1697 auf. Gewiß gab es Geschichten von Frauen-
mördern auch in der älteren deutschen Überlieferung,
und für die Mehrzahl der von Ernst Meier aufgeschriebe-
nen Märchen gibt es keinen solchen Nachweis fremder
Herkunft. Aber mit einem kräftigen Einschlag des Fremden ist in allen Feldern der Volkskultur zu rechnen –
in Mobiliar und Gerät, in Kleidung und Schmuck, bei
Essen und Trinken, Lied und Tanz, Sprichwort und
Erzählung.

Flucht aus Glaubensgründen

Auch in der Sammlung der Brüder Grimm finden sich
Geschichten, die in gedruckter Form erstmals in den lite-
rarischen Sammlungen französischer Feenmärchen auf-
tauchten. Die Brüder verdankten sie Personen, die aus
hugenottischen Familien stammten, in denen zum Teil
das Französische noch die vorherrschende Sprache war.
Hugenotten wurden die in Frankreich seit der Mitte des
16. Jahrhunderts mehrfach bekriegten und verfolgten
Protestanten genannt, die der Glaubensrichtung des
Genfer Reformators Calvin folgten. Die calvinistische
Ausprägung ihrer Religion verhinderte die Aufnahme
der aus Frankreich kommenden Flüchtlinge in den
meisten evangelischen Territorien Südwestdeutschlands;
den größten Zustrom hatten die nördlichen deutschen
Provinzen. Eine Ausnahme bildete die Pfalz. Kurfürst
Friedrich IV. stand dem Calvinismus nahe und verfocht
den Gedanken einer umfassenden protestantischen
Union; in diesem Sinne siedelte er Glaubensflüchtlinge in

dem von ihm neu gegründeten Mannheim an, und nach dem Dreißigjährigen Krieg hing der regierende Kurfürst, Karl Ludwig von der Pfalz, der Idee einer »Eintrachtskirche« an und holte viele Fremde in die Stadt. In den anderen Territorien tauchten Hugenotten eher vereinzelt auf, meistens nur, wenn ein wirtschaftlicher Bedarf gegeben war. So kamen Ende des 17. Jahrhunderts französische Strumpfwirker nach Stuttgart und Calw, und von Hugenotten aus Calw wurde wenig später die Strumpffabrikation in Ebingen und Umgebung begründet, die dem Textilgewerbe auf der Rauhen Alb einen nachhaltigen Aufschwung brachte.

Mindestens ebenso wichtig waren für Südwestdeutschland zwei andere Gruppen von religiös Verfolgten. Das eine waren die als Exulanten bezeichneten Protestanten, die aus katholischen österreichischen Ländern vertrieben waren. Bei der Gründung von Freudenstadt um das Jahr 1600 achtete der Herzog darauf, daß dort die aus Kärnten, Krain und der Steiermark kommenden Exulanten angesiedelt wurden. Die zweite Gruppe, die Waldenser, waren die Anhänger einer asketischen Glaubensbewegung, begründet in Südfrankreich von Petrus Waldes gegen Ende des 12. Jahrhunderts, also lange vor der Reformation. Die von den Waldensern eingeführte Laienpredigt bedeutete eine Abkehr von den Prinzipien der Kirche; sie wurden von Anfang an bekämpft. Ende des 17. Jahrhunderts, im Zuge der offensiven Gegenreformation, wurden sie aus allen katholischen Ländern vertrieben.

Die Aufnahme der Waldenser in den evangelischen

Herrschaftsgebieten Südwestdeutschlands war nicht un-
umstritten. Die protestantische Obrigkeit fürchtete um
die reine lutherische Lehre, von der sich die zuwandern-
den Reformierten in wesentlichen Punkten abgrenzten.
Aber nach einigem Zögern kam es zu Annäherungen,
und am nördlichen Schwarzwaldrand wurden für die
Waldenser sogar neue Dörfer gegründet, die großenteils
zum Herzogtum Württemberg, vereinzelt zu der ebenfalls evangelischen Markgrafschaft Baden-Durlach gehörten. Einzelne Ortsnamen weisen bis heute die roma-
nische Herkunft der Bewohner aus: Perouse, Pinache,
Serres, Groß- und Kleinvillars.

Die Waldenser haben ihr provençalisches Patois noch
viele Jahrzehnte bewahrt. Doch schon Mitte des 19. Jahrhunderts trug sich ein Waldenser in Dürrmenz mit
Sorgen, was wohl am Jüngsten Tag geschehe, wenn Gott
sein »Levez vous!« in die Gräber rufe und keiner von den
Nachkommen verstehe es. Inzwischen ist das Waldenser-
Patois eine nur noch in einzelnen Sprüchen und Inschriften erinnerte Sprache. Aber es wäre falsch, den ganzen Bevölkerungszustrom lediglich unter dem Stichwort
Assimilation zu verrechnen. Die Fremden brachten auch
neue Anstöße mit. Der Waldenser-Obrist Henri Arnaud
soll als erster im weiten Umkreis Kartoffeln gepflanzt
haben, und auch die Luzerne ist wohl von den Zu-
wanderern eingeführt worden. Das ist nicht mit der letzten Sicherheit verbürgt; aber es ist einleuchtend: Die
Fremden brachten immer auch Neues mit, und energisch
versuchten sie, ihre wirtschaftliche Lage zu verbessern.
Die Versuche führten nicht immer zum Erfolg: Die Zucht

von Maulbeerbäumen, welche die Waldenser in Schönen-
berg bei Mühlacker versuchten, scheiterte kläglich; die
Seidenindustrie, welche sie in der Gegend von Lyon oder
in Oberitalien kennengelernt hatten, ließ sich nicht ver-
pflanzen. Aber aufs Ganze gesehen war die Zuwanderung auch wirtschaftlich ein Gewinn.

Allweg tüchtige Schaffer

Wenn der Krieg ins Land kam, dann zeigte sich zunächst
das bedrohliche Gesicht des Fremden und der Fremden:
Zerstörung, Hunger, Tod. Aber wenn der Krieg vorbei
war, die Dörfer ausgestorben, die Hofstellen niedergebrannt, die Felder verwüstet – dann war man auf Fremde
angewiesen. In Schützingen, wo bald darauf eine große
Zahl von Exulanten angesiedelt wurde, berichtet das
Kirchenbuch von 1650, die Gemeinde sei »durch Krieg,
Hunger und Pestilenz« – der Pfarrer fügt hinzu: »aus
gerechtem Gericht Gottes« – so ruiniert und verderbt
worden, »daß unter 100 Bürgern nur ein einziger (...)
überblieb.« In einer Gerstettener Hausbibel wird in
einem Eintrag vom 17. Januar 1647 geschildert, daß nur
noch »ein paar Häuslein« standen und die Leute Rinden
und Gras aßen. Dann heißt es:

*Die letzten Tag ziehen fremde Leut zu, sagen aus dem
Gebirg. Sprechen eine seltsame Sprach. Scheinen mir allweg tüchtige Schaffer. Wollen hierbleiben, weil sie daheim
vertrieben wegen Ketzerei. Der Benkheler, der Heintz-*

mann, ich und einer von den Fremden taten uns heint zu-
sammen, ob wir nicht ein paar zerfallene Häuslein wieder
wohnbar machen könnten. Die anderen sagen all, es sei ja
kein Fried, die Kriegsvölker kämen sicher wieder, sei alles
ohne Nutzen – wir aber glauben, daß Gott uns nicht ver-
lassen hat. Wir müssen jetzo alle beisammen stehen und
Hand anlegen inwendig und auswendig.

Dieser Eintrag ist nicht nur ein Beleg dafür, daß sich
die Zusammensetzung der Bevölkerung drastisch verän-
derte. Er ist auch ein Hinweis darauf, daß die Klassi-
fizierungen in einheimisch und fremd wackelig wurden
in solch harten Zeiten. Zwar ist von »den Fremden« die
Rede, aber man tut sich mit ihnen zusammen und denkt
an die Wiederherstellung der Häuser, an eine gemeinsame
Zukunft.

Vielleicht ist, wenn von dieser älteren Zeit die Rede ist,
die Trennung in einheimisch und fremd in sich schon
irreführend. Wir neigen dazu, uns die Bevölkerung
früherer Epochen als besonders seßhaft vorzustellen.
Tatsächlich aber war, zumindest in bewegteren Zeiten, in
früheren Jahrhunderten stets ein Viertel bis ein Drittel
aller Menschen unterwegs: Soldaten und Söldner, Saison-
arbeiter und wandernde Handwerksgesellen, Händler
und Hausierer, vor allem aber die große Zahl der Heimatlosen, aus denen sich die vagierenden Scharen von
Bettlern und Invaliden rekrutierten.

Heimatlos – das war ein juristischer Tatbestand. Heimatlos war, wer keinen Grundbesitz hatte, kein Haus,
kein Vermögen. Die Heimatlosen hatten kein »Heimat-

recht«; sie durften sich in ihrer Gemeinde nicht nieder-
lassen, durften dort kein Gewerbe ausüben und sich nicht
verheiraten. Vor allem hatten sie keinen Versorgungs-
anspruch an die Gemeinde, wenn sie mittellos oder
schwer krank wurden. Zwar hatten die Gemeinden eine
gewisse Fürsorgepflicht, aber sie beschränkte sich auf
wenige Tage.

Die vielen Kriege, die im Land geführt wurden, ver-
größerten die Zahl der Heimatlosen und verschlechterten
ihre Position. Kriegsinvaliden und Leute, die Haus und
Hof verloren hatten, stießen zu den schon vorhandenen
Vagantinnen und Vaganten. Die Chance, irgendwo auf
Dauer aufgenommen zu werden und so wenigstens im
übertragenen Sinn Heimat zu finden, war gering; oft
wurden die Fremden – Fremde aus dem eigenen Land! –
in einer erniedrigenden »Bettelfuhre« von Ort zu Ort
gejagt. Heimat konnten sie höchstens finden, indem sie
das Land verließen.

Die Fremde als Rettung

Glaubensflüchtlinge gab es auch unter den Einheimi-
schen – nur führte ihr Weg in die umgekehrte Richtung,
in die Fremde. Über die Auswanderungen wurde genau
Buch geführt, und immer wieder vermerken die Akten
als Grund für die Emigration »religiöse Schwärmerei«.
Vor allem waren es Angehörige strenger pietistischer
Gemeinschaften, die das Land verließen. Eine wichtige
Rolle spielte die chiliastische Bewegung. »Chilioi« heißt
auf griechisch tausend – die Anhänger der Bewegung

erwarteten das baldige Ende der Geschichte und damit den Anfang eines tausendjährigen Reichs Christi, zu dem nur eine begrenzte Zahl von Menschen mit rigorosen Glaubensgrundsätzen Zugang fänden. Da eine Auswanderung nach Palästina nicht möglich war, machten sich die Chiliasten auf zu »Bergungsorten« im Osten, vor allem im Gebiet am Schwarzen Meer, wo um die Wende des 18. zum 19. Jahrhundert eine ganze Reihe deutscher Siedlungen neu gegründet wurde.

Auch Amerika wurde Ziel religiöser Gruppierungen. So gründete der Bauer und Weber Georg Rapp zusammen mit etwa 50 Familien, vor allem aus der Gegend um Maulbronn, 1805 in Pennsylvania die Gemeinschaft der Harmonisten, die nicht nur wesentliche Elemente der evangelischen Lebensführung – wie Kindertaufe, Schulbesuch, Konfirmation, Abendmahl, Ehe – verwarf, sondern auch jeglichen Privatbesitz ablehnte. Der Streit mit Kirche und Staat spitzte sich rasch zu; bald nach 1800 wurden Rapp und die »Rappisten« zur Auswanderung gezwungen. Sie gründeten in Amerika hintereinander drei Siedlungen (Harmony, New Harmony, Economy), lebten in kommunistischer Gütergemeinschaft und unter strengster gegenseitiger Kontrolle einer asketischen Lebensführung – so asketisch, daß die Gemeinschaft schließlich aussterben mußte.

Wenige Jahre nach dem Abgang der Harmonisten verbot die württembergische Regierung die Auswanderung. Man brauchte die jungen Männer für den Militärdienst während der napoleonischen Feldzüge, und man fürchtete, wenn allzu viele dem Land den Rücken kehrten, einen Prestigeverlust für das junge Königreich. Das Verbot galt von 1806 bis 1815. Als es aufgehoben war, ging man alsbald an die Gründung kirchlich und staatlich privilegierter pietistischer Gemeinden: Korntal bei Stuttgart und Wilhelmsdorf in Oberschwaben. Indirekt beweist dies, wie ernst das religiöse Motiv der Auswanderung genommen wurde. Das einzige war es nicht, und sicherlich nicht das wichtigste.

Friedrich List befragte 1817 im Auftrag der württembergischen Regierung 176 Auswanderungswillige, die in Heilbronn auf ihre Einschiffung nach Rotterdam warteten. Unter den Gründen, die den Entschluß zur Auswanderung reifen ließen, hebt er »mangelhafte Institutionen des Staats« hervor, und er zählt im einzelnen auf: unerschwingliche Auflagen, persönliche Bedrückung durch Ortsvorsteher und Beamte, Schikanen durch das Schreibereiwesen, Langsamkeit des Justizgangs. Als politischer Kopf wandte List diesen Ursachen besondere Aufmerksamkeit zu; aber er ließ auch keinen Zweifel, daß sich diese politischen Gründe mit wirtschaftlichen vermischten, daß in jenem Hungerjahr vor allem elementare Not die Menschen aus der Heimat trieb.

Politische Motive in einem engeren Sinn galten nur für eine Minderheit der Emigrierenden. Zum Beispiel für – Friedrich List. Es gehört zu den Ironien seines Lebens, daß er, der sich so vehement für die Verbesserung der Verhältnisse im Land und gegen die Auswanderung aussprach, acht Jahre später selber mit seiner Familie nach Amerika fuhr. Die württembergische Regierung hatte den couragierten Kritiker auf den Asperg gebracht, dorthin, wo schon unter dem absolutistischen Regime unbequeme Kritiker der Herzöge inhaftiert wurden – der berühmteste Gefangene war der Dichter und Musiker Christian Friedrich Daniel Schubart, der dort zehn Jahre in Haft war. List wurde »nur« zu zehn Monaten verurteilt, und nach einem halben Jahr wurde ihm ein Paß nach Amerika für eine »wissenschaftliche Reise« zugespielt. Er nahm die Chance wahr, fuhr mit seiner Familie nach Amerika, arbeitete erst als Farmer und dann als Journalist, kehrte aber nach einigen Jahren wieder zurück nach Deutschland.

Nach 1848 stieg die Zahl der politischen Flüchtlinge steil an. Die Anführer und Wortführer der gescheiterten Revolution verließen ihre Heimat oft bei Nacht und Nebel – wie Friedrich Hecker, der in bäuerlicher Verkleidung die Schweiz erreichte. Für ihn, der in der Offenburger Versammlung von 1847 die demokratischen Forderungen vorgetragen und der im April 1848 den Feldzug der badischen Freischärler gegen den Großherzog befohlen hatte, war an Rückkehr nicht zu denken. Er ging nach Amerika, wurde Offizier und nahm später am Bürgerkrieg teil. Mit Recht hat man festgestellt, die Auswanderung der »Achtundvierziger« sei vor allem ein qualitatives Problem gewesen: Das Land verlor Männer, die sich rückhaltlos für Freiheit und soziale Gerechtigkeit einsetzten. Aber im deutschen Südwesten, wo sich die revolutionären Vorgänge konzentriert hatten, war auch die Zahl der politischen Emigranten nicht ganz klein, sie ging immerhin in die Tausend.

Gemessen an der Gesamtzahl der Ausgewanderten ist

dies allerdings wenig. Schon im Verlauf des 18. Jahrhunderts, als die Bevölkerungsverluste durch den Dreißigjährigen Krieg und die Franzosenkriege einigermaßen ausgeglichen waren, verließen Tausende ihre südwestdeutschen Heimatländer. Im 19. Jahrhundert stieg die Kurve noch einmal an; die Spitze lag in den Jahren 1852 bis 1854. Der badische Staat forderte damals arme und übervölkerte Gemeinden auf, die Auswanderung zu fördern, und unterstützte sie dabei auch finanziell. In vielen Fällen wurde den Auswanderern ein Teil des Reisegelds bezahlt, oder sie wurden zur nächsten Sammelstelle gekarrt – nicht aus Nächstenliebe, sondern damit die Mittellosen später nicht der Gemeinde zur Last fielen.

Die meisten Menschen gingen, weil die Not sie zwang und weil sie für sich und ihre Familien eine Verbesserung der wirtschaftlichen Situation erhofften. Die wichtigsten Ziele der Auswanderung lagen zunächst in Südosteuropa, wo das österreichische Kaiserhaus mit einer systematischen Siedlungspolitik neue Bewohner anzog. Die »Donauschwaben« stammten nicht alle aus dem Schwäbischen; sehr viele kamen auch aus der Pfalz, wo sich der Kurfürst 1709 mit einem Ausreiseverbot gegen den drohenden Bevölkerungsverlust gewandt hatte, von wo später aber doch viele über Ulm donauabwärts zogen. Andere Ziele waren Preußen und Rußland, im 19. Jahrhundert dann ganz überwiegend Amerika.

Überall kannte man damals die Amerikalieder, in denen die Segnungen der Neuen Welt ausgemalt wurden:

In Amerika, da ist es fein,
da fließt der Wein zum Fenster rein.

Solche Verse scheinen auf den ersten Blick naiv-
optimistische Erwartungen auszudrücken; in Wirklichkeit waren sie wohl ironisch gemeint. Gewiß wurden
Briefe, in denen Auswanderer von ihren Möglichkeiten
und Erfolgen berichteten, von Hand zu Hand gereicht;
aber die sich zum Weggehen entschlossen, wußten auch
von den miserablen, lebensbedrohenden Zuständen auf
den überfüllten Schiffen, von der Sklavenarbeit, mit der
viele die Überfahrt abzahlen mußten, von den Unwäg-
barkeiten und Gefahren im neuen Land. »In Amerika«,
soll ein alter deutscher Einwanderer gesagt haben,
»schwirren die gebratenen Tauben auch nicht in der Luft
herum; allein, wenn sie einmal wider Erwarten zu mir
fliegen sollten, so steht niemand daneben, der sie mir vor
der Nase wegschnappt und statt meiner verzehrt.« In solchen Aussagen verzahnen sich ökonomisches Denken
und freiheitliche Gesinnung. Die Wirtschaftsflüchtlinge,
wie man jene Auswanderer heute nennen würde, waren
gleichzeitig in gewisser Hinsicht auch politische
Flüchtlinge.

Tödliche Fremdheit

Mitte der 50er Jahre des 19. Jahrhunderts ging die Zahl
der Auswanderer geradezu schlagartig zurück. Die wirtschaftlichen Verhältnisse in den USA waren schlechter

geworden, die in der Heimat besser. Die sich ausweitende Industrie fing viele auf, die in der Landwirtschaft kein Unterkommen fanden. Die Auswanderung wurde eher zu einer individuellen Angelegenheit, auch wenn sich Krisen – etwa die Inflation nach dem Ersten Weltkrieg – in einem Anstieg der Zahlen spiegelten. Eine regelrechte Auswanderungswelle mit einer einheitlichen Ursache gab es erst wieder in den Jahren der nationalsozialistischen Herrschaft, als große Teile der jüdischen Bevölkerung das Land verließen.

Rund 30.000 jüdische Bürgerinnen und Bürger waren Anfang 1933 im Gebiet des heutigen Baden-Württemberg ansässig. Fast zwei Drittel davon wanderten zwischen 1933 und 1941 aus, solange noch eine Chance dazu bestand. Angesichts des Schicksals, das den Verbleibenden drohte, mag es erstaunen, daß nicht noch mehr die Flucht ergriffen und daß die Auswanderung nach dem ersten kräftigen Schub des Jahres 1933 zunächst nur zögernd weiterging. Es gibt mehrere Erklärungen dafür: Die Auswanderung war teuer und war aufgrund der nationalsozialistischen Gesetze auf jeden Fall mit drastischen Vermögensverlusten verbunden. Die Zukunft in den Zufluchtsländern war unsicher. Die spätere »Endlösung«, die totale Vernichtung, lag außerhalb des Vorstellungshorizonts der Betroffenen. Und die jüdischen Frauen und Männer blickten über die aktuellen Schikanen hinweg auf Verhältnisse zurück, in denen sie relativ unangefochten ihre Funktionen innerhalb der deutschen Gesellschaft ausübten.

Die Perspektive, die vor der NS-Zeit nur eine störungsfreie Symbiose sieht, ist allerdings schief. Tatsächlich war die Geschichte der jüdischen Bevölkerung wechselvoll und auch notvoll. Schon im Mittelalter gab es grausame Judenverfolgungen. Wenn in einem Ort oder einer Region existentielle Bedrohungen auftraten – in Hungersnöten und Pestzeiten etwa – wurde den Juden die Schuld zugeschoben: sie galten als Brunnenvergifter, Hostienschänder, Kindermörder. Dies ist der gewissermaßen fundamentalistisch-christliche Hintergrund des Antisemitismus. Er führte zur sozialen Ausgrenzung und bot eine Handhabe für wirtschaftliche Sanktionen gegen jüdische Bürger. Zwischen dem Ende des 14. und dem Ende des 16. Jahrhunderts wurden die Juden aus den meisten Städten und mehreren größeren Herrschaftsgebieten vertrieben, so aus der Pfalz, dem Herzogtum Württemberg und der Markgrafschaft Baden-Baden, während der Markgraf von Baden-Durlach zunächst viele Juden aufnahm – aber Anfang des 17. Jahrhunderts kam es auch dort zur Ausweisung.

Die Menschen jüdischen Glaubens fanden vor allem in kleinen, ländlichen Territorien Aufnahme. Die Territorialherren erhofften sich wirtschaftliche Verbesserungen von dem Zuzug; außerdem mußten die Juden lange eine Schutzgebühr bezahlen. Durch diese Verlagerung in die Provinz entstanden viele »Judendörfer«. Das waren keine rein jüdischen Ansiedlungen, aber Dörfer, in denen israelitische Gemeinden bestanden und in denen die jüdische Bevölkerung einen beträchtlichen Anteil ausmachte – in manchen lag er zum Zeitpunkt der nationalsozialistischen Machtübernahme noch um die zwanzig Prozent.

Große jüdische Gemeinden waren beispielsweise in Edelfingen und Niederstetten (Main-Tauber-Kreis), in Untergrombach (Landkreis Karlsruhe), in Kuppenheim (Kreis Rastatt), in Schmieheim (Ortenaukreis), in Rexingen (Kreis Freudenstadt), in Baisingen (Kreis Tübingen), in Buttenhausen (Kreis Reutlingen), in Oberdorf (Ostalbkreis) und in Gailingen (Kreis Konstanz). Die Judendörfer sind über das ganze Land verteilt, in Baden gab es etwas mehr als in Württemberg.

Bäuerliche und handwerkliche Tätigkeiten schieden für die Juden lange Zeit aus: Sie durften keinen Grundbesitz haben, und die Zünfte verweigerten ihnen den Zugang zu vielen Gewerben. Sie konzentrierten sich deshalb auf Handelsaktivitäten; in den Judendörfern lebten vor allem Viehhändler. Wahrscheinlich hat die berufliche Trennung dazu beigetragen, daß sich in diesen Orten weithin ein zwar nicht ganz spannungsfreies, aber für beide Teile akzeptables soziales Leben entwickelte.

Nach und nach fanden die Juden auch wieder Zugang in den größeren Städten. Schon 1652 rief der pfälzische Kurfürst »alle ehrlichen Leute von allen Nationen« auf, sich in Mannheim niederzulassen; jüdischen Familien wurden besondere Vergünstigungen eingeräumt. Karl Friedrich von Baden erweiterte die Rechte der Juden, obwohl die von ihm befragten Oberämter teilweise davon abgeraten hatten, und nach der Einverleibung der Pfalz besuchte er in Mannheim demonstrativ Gottesdienste nicht nur in der katholischen und der reformierten Kirche, sondern auch in der Synagoge.

Die volle bürgerliche Gleichberechtigung erhielt die

jüdische Bevölkerung in Baden wie in Württemberg erst in den 60er Jahren des 19. Jahrhunderts. Viele jüdische Familien zogen jetzt in die Städte, und bald stellten sie einen extrem hohen Anteil in führenden und einflußreichen Positionen: Unternehmer, Bankiers, Techniker, Künstler, Wissenschaftler. Die Statistik der Berufe oder der Schulbildung macht wahrscheinlich, daß der immer wieder aufflammende Antisemitismus eine wesentliche Ursache in Neid und Konkurrenzangst hatte. Und sie läßt ahnen, wie substantiell der Verlust war, den die Vernichtungspolitik bewirkte.

Nachdem schon in den ersten Jahren des Dritten Reichs die Rechte der Juden empfindlich eingeschränkt und viele aus ihren Berufen verdrängt wurden, kam es im November 1938 zur Zerstörung von Synagogen und Geschäften. Im Oktober 1940 brachte ein erster Transport badische Juden in ein südfranzösisches Camp, Gurs. Weitere Deportationen folgten; sie führten in die Mordmaschinerie der Vernichtungslager. Nur wenige überlebten, und nur wenige von den Emigrierten kehrten zurück. Spuren der jüdischen Kultur sind geblieben: rund 150 Friedhöfe, einzelne Synagogen und Badehäuser, Wohn- und Geschäftshäuser, hebräische Inschriften und Zeichen. Aber zur jüdischen Gemeinde in Baden-Württemberg zählen sich heute kaum 3000 Menschen, von denen zudem ein beträchtlicher Teil erst in den beiden letzten Jahrzehnten aus Osteuropa und Russland nach Deutschland kam.

Die »Rückkehr« der Heimatvertriebenen

Im oberschwäbischen Biberach oder in der Umgebung der Stadt findet jedes Jahr ein Heimattreffen der Sathmarer Schwaben statt. Im Freilichtmuseum in Kürnbach ist eine Sathmarer Heimatstube zu besichtigen. Mehrmals im Jahr erscheint der Sathmarer Heimatbrief. Sathmar – ungarisch Szatmár, rumänisch Satu Mare – ist eine Stadt im äußersten Nordwesten Rumäniens, dem es wie ganz Siebenbürgen und die Bukowina nach dem Ersten Weltkrieg zugeschlagen wurde. Vorher gehörte das Komitat Sathmar zu Ungarn. Im Gebiet um Sathmar gab es viele Deutsche; die meisten wurden im letzten Jahr des Zweiten Weltkriegs vertrieben oder ergriffen die Flucht. Der größte Teil kam nach Westdeutschland; der Landkreis Biberach übernahm die Patenschaft über sie.

Es gibt mehr als sechzig solcher kommunalen Patenschaften im Land, manche eher zufällig, andere mit einem besonderen historischen Hintergrund. Im Fall Sathmar ist er offenkundig. In den fast eineinhalb Jahrhunderte währenden Kämpfen zwischen den Habsburgern und dem Osmanischen Reich war das von Ungarn bewohnte Gebiet um Sathmar verwüstet und entvölkert worden. Anfang des 18. Jahrhunderts rief der kaiserliche Feldmarschall Graf Alexander Károlyi deutsche Siedler ins Land. Innerhalb eines Jahrzehnts folgten mehr als 200 Bauern dem Ruf. Sie kamen aus 129 Gemeinden, von denen 113 heute zu Baden-Württemberg gehören, die weitaus meisten davon zu den Kreisen Biberach und Ravensburg. In dieser Gegend suchten viele der

Flüchtlinge aus Sathmar nach dem Kriegsende ein Unterkommen; sie waren, wie es etwas pathetisch in den Erinnerungsbüchern heißt, in ihre »Urheimat« zurückgekehrt.

In einem weitläufigeren Sinne sind alle Heimatvertriebenen »zurückgekehrt«. Die Auswanderung in osteuropäische Länder, die sich über mehrere Jahrhunderte hinzog, wurde zu großen Teilen innerhalb weniger Jahre, ja Monate rückgängig gemacht; eine lange Zeit des friedlichen, wenn auch nicht immer spannungsfreien Zusammenlebens mit Menschen einer anderen Sprache endete in der Vertreibung.

Die Heimatvertriebenen sind nicht gleichmäßig im Land verteilt. In der amerikanischen Besatzungszone konnten mehr Flüchtlinge aufgenommen werden als in der französischen; 1950 lag der Anteil der Vertriebenen an der Gesamtbevölkerung in Nordwürttemberg über zwanzig Prozent, in Südbaden unter zehn Prozent. Später hat sich auch im Süden des Landes der Anteil etwas erhöht. Für das ganze Land rechnet man heute etwa mit einem Viertel deutscher Zuwanderer, allerdings unter Einschluß der fast 500.000 DDR-Flüchtlinge und der ebenfalls bereits in die Hunderttausende gehenden Spätaussiedler aus der ehemaligen Sowjetunion, die seit Ende der 80er Jahre ausreisen durften. Jeweils eine halbe Million Menschen kam aus den Ostgebieten des Deutschen Reichs, aus der Tschechoslowakei und aus Südosteuropa. Relativ gesehen ist diese letzte Gruppe die größte, weil die Gesamtzahl der deutschen Flüchtlinge aus dieser Region unter einer Million liegt. Rund die

Hälfte davon lebt also hier, und konsequenterweise hat das Land Baden-Württemberg für die »Volksgruppe der Donauschwaben« eine offizielle Patenschaft übernommen.

Damit fällt dem Land die Aufgabe zu, das kulturelle Erbe dieser Volksgruppe zu schützen. Im Sinn dieser Verpflichtung wurde im Juli 2000 in Ulm das Donauschwäbische Zentralmuseum eröffnet. Aber um eine rein museale Aufgabe handelt es sich nicht. Lange hatte es zwar diesen Anschein. Nach dem wirtschaftlichen Aufschwung in der Bundesrepublik, in den 60er Jahren, galten die Zuwanderer als integriert. Die Kategorie Heimatvertriebene tauchte kaum mehr in Statistiken auf. Die Schlesier, Sudetendeutschen, Donauschwaben usw. schienen auszusterben, und mit ihnen ihre Dialekte und Überlieferungen. Aber dann besannen sich auch Angehörige der zweiten und dritten Generation auf ihre Herkunft, und seit die Grenzen nach Osten durchlässiger geworden sind, verbinden sie damit konkretere Vorstellungen – glücklicherweise im allgemeinen fernab von politischen Revisionsparolen.

Die Deutschen aus dem Osten haben jedenfalls besondere Akzente im Land gesetzt. Sie haben Firmen gegründet, haben traditionelle Produktionssparten verstärkt und neue etabliert. Als Beispiel sei ihre Glas- und Schmuckherstellung erwähnt, die sich den schon vorhandenen Standorten dieser Industrie, vor allem in Schwäbisch Gmünd und Pforzheim, angliederte. Im Politischen brachen die Neubürger manchen Kirchturmhorizont auf. Zum Beispiel attackierten sie während des Streits um die

Bildung des Südweststaats die Altbadener, die mit dem Stichwort Heimatverlust Propaganda machten. Im Kulturellen schließlich brachten die Zuwanderer mit ihren Festen und Bräuchen, ihren Trachten und Liedern eine zusätzliche Farbe in die Volkskultur. Und es gingen ganz alltägliche Neuerungen von ihnen aus: Es ist wahrscheinlich, daß sich im Schwäbischen das vorher ungewohnte Pilzsammeln über sie ausgebreitet hat, und an der Einführung von Paprika als Gewürz und Gemüse haben die Donauschwaben sicher großen Anteil. Wie groß – das läßt sich allerdings nicht sagen, denn solche Veränderungen im Speiseplan gehören auch in den Zusammenhang einer sehr viel weitergehenden Internationalisierung.

Etappen der Arbeitsmigration

Für die großen Wanderungen gab und gibt es verschiedene Ursachen: politische Zwangsmaßnahmen, religiöse Unterdrückung, Bevölkerungsüberschuß. In fast allen Fällen regulieren die vorhandenen Arbeitsmöglichkeiten mit, wohin sich die Wanderung richtet. Schon im 16. Jahrhundert wurden italienische Baumeister in die südwestdeutschen Städte geholt; aber auch Kaminkehrer, die mit der neuen Kaminbauweise vertraut waren, kamen über die Alpen, Stukkateure und Maurer wanderten aus Graubünden zu, auch aus anderen Teilen der Schweiz kamen Handwerker. Ins Gebiet am Oberrhein sickerten trotz den von heimischen Handwerkern und Händlern durchgesetzten Verboten immer wieder Hausierer aus

dem Süden ein. In die Bergwerke wurden Tiroler Erz-
knappen geholt, in die Wälder Tiroler Holzhauer. Aus
den Alpenländern kamen auch die meisten der Bauern,
die nach dem Dreißigjährigen Krieg zuzogen.

Im 18. Jahrhundert suchten die kleinen Territorialherren die Wirtschafts- und Finanzkraft ihrer winzigen
Gebiete durch die Ansiedlung von Fremden zu stärken:
Hausierer, Händler, Korbflechter, Kessler, Besenbinder,
Löffelmacher, die teilweise in südosteuropäischen Ländern angeworben wurden, vielfach aber aus umher-
ziehenden Gruppen ganz verschiedener Herkunft
stammten. Durch diese Maßnahmen der »Peuplierung«
entstanden Orte eigenen Gepräges, deren leichtere
Lebensart von den bäuerlichen Ortsnachbarn meist
mißtrauisch registriert wurde. Nur selten rückten sie in
eine unbefangene Perspektive wie in den Erinnerungen
der Gräfin von Linden, die Ende des 19. Jahrhunderts
in Burgberg bei Heidenheim aufwuchs, wo die meisten
Männer als Kessler, Ziegelknechte, Schausteller, Strumpf-
und Samenhändler arbeiteten. Sie schrieb:

*So kam da ein geniales Völkchen zusammen, das immer
im Gegensatz zu den solid schwäbischen Einwohnern der
umliegenden Dörfer stand, farbenfroh und redegewandt,
hochmusikalisch und leichtlebig, liebenswürdig, aber
ebenso leicht Versprechen und Zusagen vergessend.*

Orte dieser Art waren kleine Inseln, genau definiert und
abgesetzt von ihrer Umgebung. Mit dem Aufkommen
der Fabrikindustrie weitete sich der Zustrom aus. Die
Unternehmer und ihre Geldgeber waren in vielen Fällen

Fremde, die sich nicht an die von den Zünften geforderten Beschränkungen gebunden fühlten: hugenottische Flüchtlinge in der Pfalz, Italiener im südlichen Baden, Schweizer im ganzen Land, dazu jüdische Händler und Kaufleute. Aber auch die Arbeiter kamen vielfach aus dem Ausland. Anfang des 20. Jahrhunderts waren in Baden sieben Prozent der Erwerbstätigen Ausländer; an der Spitze rangierten die Italiener, die vor allem auch ein großes Kontingent der Eisenbahnarbeiter stellten – sie nannten sich selbst Aisinponeri.

Nach dem Zweiten Weltkrieg war das Kapitel ›Ausländische Arbeitskräfte‹ erst einmal unterbrochen – nicht nur, weil entwürdigende Erfahrungen mit dem extensiven Einsatz von Zwangsarbeitern in Industrie und Landwirtschaft diesen Weg verstellten, sondern vor allem auch, weil der Zustrom von Heimatvertriebenen und von DDR-Flüchtlingen den Bedarf deckte.

In den 6oer Jahren setzte die systematische Anwerbung von Arbeitsmigranten aus dem Ausland ein. Man rechnete damit, daß die »Gastarbeiter« nach einigen Jahren zurückgingen; aber viele blieben, zogen ihre Familien und auch andere Landsleute nach. Während sie zunächst überwiegend in Gemeinschaftsunterkünften untergebracht waren, bezogen sie jetzt Wohnquartiere – oft im Ortskern, wo die ältesten Häuser standen. In vielen Städten gibt es Straßen und Plätze, in denen an den Abenden das bunte und auch laute Treiben einer südlichen Piazza herrscht.

In Baden-Württemberg leben etwa 300.000 türkische Staatsangehörige – prozentual etwas weniger als im ganzen ehemaligen Bundesgebiet, dagegen kommt ein höherer Prozentsatz aus Italien (etwa 170.000) und aus dem ehemaligen Jugoslawien (etwa 230.000). Aus Griechenland sind ungefähr 80.000, Spanien, Portugal und Polen sind mit erheblich kleineren Zahlen vertreten. Insgesamt liegt der Anteil der ausländischen Bevölkerung in Baden-Württemberg bei zwölf Prozent.

Die Diskussion über ihre Zukunft ist nicht nur durch die problematische Wirtschaftsentwicklung und durch Vorurteile belastet. Sie leidet auch darunter, daß Begriffe wie Assimilation, Integration und ethnische Identität wie Kampfparolen gegeneinander ausgespielt werden. Tatsächlich ist eine einlinige Entwicklung nicht zu erwarten. Auch künftig wird es die sizilianische Gruppe geben, die in der deutschen Stadt ihr eigenes Leben lebt und die von zu Hause mitgebrachten Normen strikter beachtet, als es im heimischen Dorf der Fall ist. Es wird die italienischen jungen Männer geben, die in deutschen Vereinen den Ton angeben und ihre Chancen bei deutschen Mädchen suchen. Es wird die türkischen Jugendlichen geben, die höhere Schulen besuchen, ein gewandtes Deutsch sprechen und sich um höhere Positionen bewerben. Diese Beispiele, in denen die Nationalitäten nicht ganz, aber weitgehend austauschbar sind, stehen für eine Vielfalt von Lebensformen und Orientierungsweisen, die weder durch Gesetze noch durch einseitige Erwartungen verbaut werden dürfen. So wichtig und richtig die Forderung ist, daß die Zuwanderer die Normen des Grundgesetzes und elementare Prinzipien des Zusammenlebens anerkennen – sie brauchen Zeit, und fremden Wertvorstellungen, die ja nicht im Schnellverfahren beliebig ausgewechselt werden können, ist mit Respekt zu begegnen.

Von der Lust, den Dingen auf den Grund zu gehen

Die Versuche, Menschen einer ganzen Region zu charakterisieren, bewegen sich meist in eingefahrenen Geleisen. Beliebt ist das Operieren mit Gegensätzen: rauh, aber herzlich; arbeitsam, aber dem Vergnügen nicht abgeneigt; streng in den Grundsätzen, aber doch tolerant – da werden weite Netze ausgespannt, in denen sich fast alle fangen lassen. Oder es werden einfach Eigenschaften aneinandergereiht, die ein positives Bild ergeben sollen: fleißig, energisch, aufgeschlossen, hilfsbereit.

Auch das Wort tiefsinnig gehört in diese Reihe. Wenn hier die Behauptung aufgestellt wird, es gebe im deutschen Südwesten eine eigenartige Neigung, den Dingen auf den Grund zu gehen, dann nicht mit dem Anspruch auf Ausschließlichkeit. Die Behauptung besagt nicht, daß überall sonst in Deutschland nur Dünnbrettbohrer leben; sie verweist lediglich auf eine Facette, die neben vielen anderen auch bei uns in der Lebensart der Leute vorhanden ist. Wenn sie besonders beleuchtet wird, dann freilich aus dem optimistischen Verdacht heraus, sie könne hier ausgeprägter sein als in anderen Regionen. Das Wort oberflächlich jedenfalls klingt hier vorwurfsvoller als anderswo. Aber ob das schon ein Beweis für Tiefsinn ist?

»Glei bei Blaubeura leit a Klötzle Blei.« Man hat zwar einem Felsen in der Nähe von Blaubeuren diesen Namen verpaßt; aber das wirkliche Bleiklötzchen hat nie jemand gesehen – weil es ganz unwirklich ist. Es existiert nur als Teil eines hübschen Zungenbrechers. Aber gleich bei Blaubeuren liegt auch der Blautopf, und das ist ein Stück geheimnisvolle Wirklichkeit.

Der Blautopf ist der große runde Kessel eines wundersamen Quells bei einer jähen Felswand gleich hinter dem Kloster. Gen Morgen sendet er ein Flüßchen aus, die Blau, welche der Donau zufällt. Dieser Teich ist einwärts wie ein tiefer Trichter, sein Wasser von Farbe ganz blau, sehr herrlich, mit Worten nicht wohl zu beschreiben; wenn man es aber schöpft, sieht es ganz hell in dem Gefäß.

So beginnt Mörike seine »Historie von der schönen Lau«, die ehemals »zu unterst auf dem Grund« des Quelltopfs saß. Die Lau war eine Nixe, aber abgesehen von ihren Schwimmhäuten mit dem Körper eines »schönen natürlichen Weibs«. Deshalb konnte sie nicht nur von ihrer feuchten Wohnung aus die Mönche des Klosters ärgern, sondern auch Besuche bei den freundlichen Menschen der Klosterwirtschaft machen. Sie blieb, bis ihr Gemahl vom Schwarzen Meer sie heimholte. Als der sich näherte, brauste und kochte es im Blautopf, weil er mit seinem Gefolge durch »die große Wasserstraße« fuhr, die ein »breiter, hoher Felsenweg« war. Ein Märchen. Aber ein Märchen, in das Beobachtungen eingeschmolzen sind. Die Gestalten der Geschichte reden im echten Dialekt, verwenden alte, inzwischen ausge-

storbene Wörter, sind wahrhaftige Älbler in ihrer Aufmachung und ihren Bräuchen. Darüber hinaus wagte sich
der dichtende Pfarrer in seiner Phantasie auch in die
Realität des Erdinnern vor; seine knappen Andeutungen
zum unterirdischen Lauf des Wassers nehmen einen
geologischen Sachverhalt vorweg, der erst sehr viel später
gesicherte Erkenntnis wurde.

Rund ein Jahrhundert nach der Niederschrift von
Mörikes Märchengeschichte beginnt der 17jährige
Jochen Hasenmayer aus Birkenfeld, ein begeisterter
Taucher, mit Höhlenforschungen auf der Schwäbischen
Alb. Der Blautopf wird zu seiner größten Herausforde-
rung. Als »unergründlich« galt er lange Zeit, gilt er noch
den Personen in Mörikes Geschichte. Man hat zwar die
größte Tiefe gemessen: 21 Meter. Aber woher kommen
die Wassermassen, die manchmal über die Ufer drängen,
was verbirgt sich unter und hinter dem Quelltopf?

Hasenmayer verfolgt den unterirdischen Wasserlauf,
tastet sich vor in dem engen, an manchen Stellen mehr
als 40 Meter tiefer liegenden natürlichen Kanalsystem,
überwindet immer weitere Strecken. Er verbessert seine
Ausrüstung, beschafft sich technische Gerätschaften,
mit denen er den Tunnel exakt dokumentieren kann.
300 Kilogramm wiegen die Apparaturen, mit denen er
einsteigt. 1985 dringt er nach mehr als 1200 Metern zum
Grundwasserspiegel vor, über dem sich eine mächtige
Tropfsteinhöhle erhebt. Hasenmayer gibt dem Raum,
den man in seinen Dimensionen ungefähr mit dem Innern des Ulmer Münsters vergleichen kann, den Namen
Mörike-Dom.

Für ihn ist damit nicht nur das Rätsel des Blautopfs gelöst; er sieht in der Entdeckung den Schlußstein einer verwegenen Theorie: Unter der Alb befindet sich ein weitverzweigtes Flußhöhlensystem, das wiederum der Ausläufer eines größeren unterirdischen Systems unter dem Alpenvorland ist. Da die Höhlen in der Regel vier bis sechs Kilometer tief liegen, ist ihr Wasser rund siebzig Grad warm. Hasenmayer glaubt, daß die Heißwasservorräte über die Höhlennetze mit verhältnismäßig wenigen Bohrungen zu gewinnen sind; er sieht mit der riesigen Therme die Energieprobleme Deutschlands auf lange Sicht gelöst. Die Fachleute melden Vorbehalte an. Hasenmayer sucht weitere Belege. In einem Film, den er in einer siebzehnstündigen Tauchexpedition zustande bringt, vermittelt er ein lebendiges Bild von dem unterirdischen Märchenreich. Er plant weitere Expeditionen – da wirft ihn ein Tauchunfall zurück, er ist querschnittsgelähmt. Eine kleine Gruppe versierter junger Taucher gründet die › Arbeitsgemeinschaft Blautopf‹. Sie entdecken mit dem »Mittelschiff« und dem »Äonendom« zwei weitere große Hallen und dringen in einem riskanten Manöver in einen Höhlengang vor, der hoch über dem Wasserspiegel beginnt. Aber auch Hasenmayer gibt nicht auf. Er entwickelt ein Höhlen-U-Boot, mit dem er sich in den Wasserläufen bewegen kann – die Technik soll bringen, was ihm der Körper versagt. Er legt 1800 Meter zurück, acht Stunden ohne Sprechkontakt mit den Begleitern am Ufer. Der endgültige Ausgang des Unternehmens ist ungewiß. Doch für Jochen Hasenmayer ist der Weg vorgezeichnet: ins Unergründliche, auf den Grund.

In Blaubeuren ist auch ein Museum für Urgeschichte. Der Platz ist gut gewählt: Zieht man von dem Ort einen Kreis mit einem Radius von rund dreißig Kilometern, so zirkelt man ein Feld ein mit reichen und vielfältigen Vorzeitfunden – und zugleich ein Gebiet, das immer wieder Nährboden war für eine überschwengliche Vorzeitbegeisterung.

Im Nordosten, jenseits des Albtraufs in der Nähe von Kirchheim, liegt der kleine Ort Holzmaden. Früher wurde dort Schiefer zur Ölgewinnung abgebaut; später wurden aus dem Juragestein Schieferplatten gelöst und, geschliffen und poliert, als Ofenplatten, Bodenbelag und Schutzverkleidung verwendet. Die industrielle Ausbeute ist nicht besonders groß; die Schiefer dürfen nicht im Baggerbetrieb gewonnen werden mit Rücksicht auf die Versteinerungen. Diese haben Holzmaden zu einem Begriff gemacht: Im Jurameer lebten vor fast zweihundert Millionen Jahren Muscheln, Schnecken, Fische und Saurier. Schon 1892 präparierte Bernhard Hauff einen Ichthyosaurier, eine Fischechse, bei der sich sogar Teile der Haut und der Muskeln in versteinerter Form erhalten hatten. Das Museum, das er gründete, löste eine sehr beständige Urzeitbegeisterung aus – lange vor der weltweiten Dinosauriermode.

Nordöstlich von Blaubeuren, nicht weit von Ulm, ist das Felsmassiv des Hohlensteins mit der Vogelherdhöhle. Bei Grabungen fanden Wissenschaftler dort bearbeitete Elfenbeinstücke. Jahrzehnte später entdeckten einige

Jungen beim Spielen weitere Stücke, mit deren Hilfe es gelang, eine kleine Figur zu rekonstruieren, die vor etwa 35.000 Jahren entstand. Die Statuette, die auf einem menschlichen, wahrscheinlich weiblichen Körper einen löwenähnlichen Kopf trägt, ist eines der frühesten Zeugnisse menschlicher Gestaltungskraft – geeignet, die Phantasie in Bewegung zu versetzen: Tierreligion, Jagdzauber, Kriegslist ...?

Am südlichen Ende des imaginären Kreises liegt der Federsee. Dort stießen Torfstecher 1875 auf die Reste von auf Pfählen aufruhenden Holzbauten. Die »Schussenrieder Moorbauten« waren nicht die erste Entdeckung dieser Art. Voraus gingen Funde am Zürichsee und am Bodensee. Der Schweizer Entdecker glaubte, daß in den See eine Holzplattform auf Pfählen hineinragte, auf der eine Anzahl Holzhäuser standen. Die gemalten Rekonstruktionen solcher Pfahlbaudörfer waren weit verbreitet. Inzwischen haben ausgedehnte Grabungsbefunde wahrscheinlich gemacht, daß es sich in weitaus den meisten Fällen bei den Objekten um ebenerdige Wohnbauten am Ufer handelte, die lediglich auf Pfählen gegründet waren. Aber diese Erkenntnis hat das ältere, romantische Bild keineswegs verdrängt. In Unteruhldingen am badischen Bodenseeufer ist – inzwischen allerdings mit verlässlichen Erklärungen – noch immer das Pfahlbaudorf zu besichtigen, das in der NS-Epoche als »Museum Deutscher Vorzeit« aufgebaut wurde und das den überlegenen Rang »nordischer« Baukunst demonstrieren sollte.

Noch einmal zurück auf die Schwäbische Alb. Im Jahr der ersten Federseefunde schrieb David Friedrich Weinland seinen Roman »Rulaman«, den er in den Bergen über Urach ansiedelte und in dem er an Einzelschicksalen den Kampf zweier Völker der Vorzeit schildert. Die »Kalats«, die bereits über Bronzewaffen verfügen, treffen auf die »Aimats«, steinzeitliche, der Schilderung nach sogar altsteinzeitliche Jäger, deren Kultur dem Untergang geweiht ist, die aber die Sympathie des Autors und seiner Leserschar haben. Weinland gab dem Buch den Untertitel: »Erzählung aus der Zeit des Höhlenmenschen und des Höhlenbären«. Daß der Autor die Albhöhlen dichterisch belebte, trug nicht zuletzt zum anhaltenden Erfolg des Jugendbuchs bei.

Der Name »Kalats« und die Bezeichnung ihres Anführers als »Druide« erinnern an die Kelten, die im ersten vorchristlichen Jahrtausend im Land lebten. Für diese Epoche förderten Grabungen mächtige Befestigungen und reiche Bestattungsopfer unter riesigen Grabhügeln zutage. Die Heuneburg an der oberen Donau – wiederum in dem von uns ausgezogenen Kreis – gehört neben Hochdorf bei Ludwigsburg und dem Magdalenenberg bei Villingen zu den wichtigsten Fundorten. Die Keltenzeit schob allen Versuchen, das »Deutsche« naiv in die Vorgeschichte zu verlängern, einen Riegel vor; manche Anhänger der »Stammespsychologie« sind inzwischen dazu übergegangen, alle möglichen heutigen Arten und Unarten im Sprung über die Jahrhunderte auf die keltische Kultur zurückzuführen.

Tatsächlich aber vermittelt die Frühgeschichte den eigentümlichen Reiz, daß fester Grund nicht zu erreichen ist: Unter jeder historischen Schicht verbirgt sich eine

andere, noch ältere. Nicht nur die Zukunft ist offen –
auch die Vergangenheit.

Dichten und Denken

Der Schelling und der Hegel,
der Schiller und der Hauff,
das ist bei uns die Regel,
das fällt nicht weiter auf.

Das wäre ein unglaublich arroganter Spruch, wenn er
ernst gemeint wäre. Er ist es nicht. Zwar wird er gelegentlich von Festrednern pathetisch zitiert, peinlicher-
weise manchmal, nachdem sie sich selbst an ein paar
Reimen versucht haben. Aber Eduard Paulus, der die
Verse Ende des letzten Jahrhunderts niederschrieb, hat
sie ironisch verstanden.

Richtig ist, daß Baden-Württemberg auch eine reiche
und vielfältige Literaturlandschaft ist. Das Schiller-
Nationalmuseum und Literatur-Archiv in Marbach am
Neckar ist seit langem auf die ganze deutsche Literatur
ausgerichtet, aber es dokumentiert den beachtlichen
Anteil des Südwestens an dieser Literatur. Als Land der
Dichter und Denker sollte man Baden-Württemberg
nicht bezeichnen – so wenig wie Deutschland, auf das
diese Formel gemünzt war. Vielleicht könnte sie eher für
unser Bundesland beansprucht werden, wenn sie mit
einer besonderen Betonung versehen wird: Land der
Dichter *und* Denker.

Auch hier droht eine Falle: Es kann ja nicht davon die Rede sein, daß anderswo das Dichten gedankenlos praktiziert würde. Aber es ist auffallend, daß wir fast allen großen Dichtern des deutschen Südwestens auch bedeutende Reflexionen verdanken – philosophische Texte, gedankenreiche Essays, kritisch durchdachte Beobachtungen. Schiller wird nur deshalb nicht als Philosoph gehandelt, weil seine Dichtungen unglaublich populär waren und sind. Aber sein Versuch, ästhetische und ethische Kategorien zu verknüpfen, Anmut und Würde gedanklich zu verbinden, spielt in den neueren philosophisch-pädagogischen Diskussionen eine wichtige Rolle. Auch Uhland (der in der populären Überlieferung der Paulus-Verse den weniger bekannten Schelling verdrängt hat) ist fast ausschließlich als Dichter bekannt; viele seiner vertonten Gedichte sind zu wirklichen Volksliedern geworden. Aber Uhland war auch ein bedeutender Germanist, der mittelalterliche Überlieferungen untersuchte, und er war ein hervorragender politischer Schriftsteller. Und selbst Wilhelm Hauff, der vielleicht in erster Linie des Reimes wegen in den Spruch geriet, hat in seinem kurzen Dichterleben außer seinen Märchen und dem historischen Roman »Lichtenstein« bissige und witzige Zeitbetrachtungen geschrieben, in denen er literarische und sonstige Moden bloßstellte.

Andere, viele andere können in den Befund einbezogen werden – gewiß nicht alle auf dem gleichen Niveau, aber alle mit einem Hang, nicht nur zu fabulieren, sondern den Dingen auf den Grund zu gehen. Abraham a Sancta Clara, der aus Kreenheinstetten bei Meßkirch stammte und ursprünglich Ulrich Megerle hieß, schrieb in der Barockzeit lateinische Mysterienspiele und deutsche Dramen; aber populär geworden ist der Wiener Hofprediger und Kanzelredner durch seine boshaften Zeitgemälde und seine Sittenpredigten, in denen er die menschlichen Tugenden und Laster vorführt und auf spöttische Weise analysiert. Auch Johann Peter Hebel war nicht nur der dichtende und erzählende, sondern auch ein philosophierender und debattierender Kalendermann. Nicht nur, daß seine Erzählungen alle in »verständiger Natürlichkeit« geschrieben sind (wie es Carl Jacob Burckhardt ausdrückte) und daß er daraus Konsequenzen zog, die er in einer freundlichen Belehrung den Geschichten anhängte, er schrieb auch Aufsätze über den Ackerbau als »Schule der Religiosität«, über das Tabakrauchen, über das Glück. Daß sich bei Hölderlin poetische Gestaltung und philosophische Deutung durchdringen und daß er in beiden Bereichen Unerhörtes und – wie die immer neuen Anläufe der Interpreten beweisen – Unerschöpfliches schuf, ist unbestritten.

Die Linie läßt sich bis ins 20. Jahrhundert, ja bis in die Gegenwart ausziehen: Hermann Hesse, der in seinem Roman »Das Glasperlenspiel« ein »Spiel mit sämtlichen Inhalten und Werten unserer Kultur« vorführte. Marie Luise Kaschnitz, geborene Karlsruherin, die sich von der Landschaft und den Menschen am Oberrhein zu Gedichten und Erzählungen anregen ließ, die aber auch gedankentiefe Abhandlungen schrieb. Martin Walser, Romancier und Stückeschreiber, aber auch ein vorzüglicher Essayist. Selbst Thaddäus Troll paßt in diese

Reihe – ihm gelangen eine Anzahl schöner dichterischer Produktionen, aber mit Witz und Scharfsinn ging er stets auch schwäbischen und anderen Untugenden auf den Grund.

Idealwelten und Seinsgründe

Im Jahr 1619 beschreibt Johann Valentin Andreä, damals Diakon in Vaihingen, die »res publica Christianopolis«, die »Republik Christiansburg«. Die Schrift gehört zur Gattung der Utopien. Utopia heißt: nirgendwo. Geschildert wird ein ideales politisches Gebilde. Aber Utopien geben dem Handeln Ziele vor; und Andreäs Entwurf ist in mehrfacher Hinsicht an die Wirklichkeit gebunden. Der auf das Gotteshaus zentrierte Stadtplan erinnert in der Art der Bauten, der Führung der Gassen, der Verteilung von Bauerngärten an die kleinen Städtchen der damaligen Zeit. Vor allem aber nimmt Andreä die Prinzipien von Christianopolis in sein eigenes Wirken auf: In frommen Gemeinschaften sucht er christliches Handeln zu stärken – er gilt als einer der Gründer der Rosenkreuzer-Bruderschaft. Und er setzt ein strenges Sittenregiment durch: Auf Andreä geht die Einrichtung des Kirchenkonvents zurück, der in den evangelischen Gemeinden mehr als zwei Jahrhunderte lang dafür sorgte, daß auch private Verfehlungen aufgedeckt und bestraft wurden. Eine kühne Utopie, welche die Wirklichkeit weit übersteigt, wird so zurückgebogen auf die Wirklichkeit: Ideale nicht als Luftgebilde, sondern als Vorgaben für die Praxis.

Georg Wilhelm Friedrich Hegel schrieb keine Utopie. Er entwarf ein komplexes philosophisches System, in dem er die wichtigsten kulturellen Bereiche untersucht: das Recht, die Politik, die Religion. Darüber hinaus versuchte er, das Rätsel des Weltlaufs im ganzen zu klären. Das formale Modell, das unser Denken wie die objektive Entwicklung bestimmt, ist nach Hegel die Dialektik, die Gegenüberstellung von These und Antithese, »aufgehoben« in einer Synthese, die auf höherer Ebene erneut ihren Gegensatz aus sich hervortreibt. In diesem Aufheben von Gegensätzen – aufheben im Sinn von beseitigen, aber auch im Sinn von aufbewahren und auf eine höhere Stufe heben – wird immer wieder schwäbische Geistesart festgemacht.

Hegel nimmt jenes formale Modell in die Geschichte hinein, die er als Entfaltung des Weltgeistes versteht. Der Mensch ist aufgerufen, das vom objektiven Geist vorgezeichnete Vernünftige zu verwirklichen. Mit dieser Perspektive holt er die geschichtliche Wirklichkeit seiner Zeit ein. In Napoleon sieht er den Weltgeist verkörpert, und im Staat – für den Berliner Philosophieprofessor ist es vor allem der preußische Staat – sieht er eine ideale Organisation des gesellschaftlichen Lebens. Vielleicht sollte man sagen: Die Wirklichkeit hat ihn eingeholt, hat seinen sehr viel grundsätzlicheren, universalen Entwurf auf die aktuellen Verhältnisse umgebogen. Diese Wendung hat sicher mit dazu beigetragen, daß später unter Berufung auf Hegel das »Ende der Geschichte« anvisiert wurde, freilich unter sehr verschiedenen Vorzeichen: die kommunistische Weltgesellschaft als letzte, ideale

Stufe – oder der westlich-liberale Kapitalismus als nicht zu übertreffende politisch-soziale Struktur.

Ein Jahrhundert später sinnt ein badischer Philosoph über das Wesen von Sein und Zeit in ähnlich umfassender Weise nach: Martin Heidegger aus Meßkirch, der in Freiburg als Professor wirkt. »Sein und Zeit« heißt auch sein schwer lesbares, in einer eigenwillig verfremdeten Sprache geschriebenes, aber dennoch berühmtes Hauptwerk, in dem er die Gründe des Seins bedenkt. Er sieht das menschliche Dasein verhaftet an die alltägliche Sorge, an das Diktat des »Man«, an den bewußtlosen Umgang mit Dingen und mit anderen Menschen. Überstiegen werden kann dieses Dasein durch das Akzeptieren des eigenen Todes, das »Vorlaufen zum Tode«, das erst eigentliche Existenz bewirkt und Freiheit schafft: »Freiheit ist der Grund des Grundes.«

Dies ist ein Konzept, das dem Individuum die Aufgabe und die Möglichkeit zuweist, zur bewußten Existenz zu gelangen; in diesem Sinn haben die französischen Existentialisten Heideggers Entwurf weiterentwickelt. Aber es gibt bei Heidegger noch einen anderen Unterton, der sich schon in der archaisierenden Sprache seines Hauptwerks, später in seinen Bekenntnissen zum »Bodenständigen« äußert. Als Hitler im Januar 1933 die Macht übernimmt, wirbt Heidegger für die neue Bewegung; als Rektor der Universität Freiburg trägt und leitet er die Gleichschaltungsmaßnahmen. Auch ihn hat die Wirklichkeit eingeholt; er hat seine Ideen kurzgeschlossen mit aktuellen politischen Forderungen. Der Gedanke, ein ganzes Volk könne in einem kühnen politischen Entwurf zur Freiheit der Existenz gelangen, verführt ihn.

Aus bloßem Opportunismus handelt er nicht. Schon ein Jahr später tritt er zurück, lebt weithin isoliert, arbeitet in der Einsamkeit seiner »Hütte« in Todtnauberg. In seinen späten Schriften widerspricht er der Automatik des »rechnenden Denkens«, das die Natur »zu einer einzigen riesenhaften Tankstelle« macht. Er erinnert an die gewachsenen Kräfte der Natur, an die »sanfte Gewalt des Feldwegs«. Zu seinem achtzigsten Geburtstag im Jahr 1969 schrieb ihm sein Bruder Fritz, bis sein Werk ganz verstanden werde, hätten wohl »die Amerikaner schon längst auf dem Mond einen riesigen Großmarktladen eingerichtet«. Mit dieser Bemerkung deutete er an, daß sich technisches Denken und Handeln nicht ohne weiteres bremsen läßt. Aber auch, daß sich das Leben nicht in der blinden Dynamik der Nützlichkeiten erschöpft, daß es sich vielmehr immer noch lohnt, den Dingen auf den Grund zu gehen.

Fortschritt und Tradition

Tradition und Fortschritt – ein Gegensatz. Man kann eine Frontlinie dazwischen aufbauen und Stellung beziehen: im Namen der Tradition, gegen die rücksichtslose Veränderungswut des Fortschritts, oder im Namen des Fortschritts, gegen die Trägheit der Tradition. Aber in Wirklichkeit ist das Verhältnis anders und komplizierter.

Tradition ist ein Produkt des Fortschritts. Das scheint die Dinge auf den Kopf zu stellen – der immer stärker beschleunigte technische Wandel hat ja doch dafür gesorgt, daß traditionelle Lebensformen beseitigt wurden oder immer weiter ins Abseits gerieten. Das ist richtig, aber es trifft auch zu, daß erst im rasanten Rhythmus sichtbar wurde, was Tradition ist, was sie bedeuten kann. Je schneller sich die Bedingungen und Möglichkeiten unseres Alltags fortentwickelten, fort von ihrer ursprünglichen Form, um so stärker wurde das Bedürfnis, Traditionen und Tradition wenigstens in einzelnen Bereichen festzuhalten. Konservierte Tradition dient als Widerlager des Fortschritts.

Fortschritt ist aber auch ein Produkt der Tradition. Neuerungen, seien sie nun technischer oder auch sozialer Art, entstehen nicht in einem Vakuum. Sie brauchen ein Fundament, eine feste Begründung. Auch Erfindungen, die in den Rekordlisten der Technikgeschichte als ganz individuelle Erfolge geführt werden, sind aus einem Nährboden hervorgegangen, den viele beackert haben. Es gibt Fortschritte, die sich ganz bewußt in Traditionen einordnen, und es gibt andere, die das Neue, den Aufbruch ins vorher Unbekannte betonen – aber bei genauem Zusehen entdeckt man auch hier die Fäden, die das Neue mit dem Alten, den Fortschritt mit der Tradition verbinden.

Wunderwerke – biblisch und mechanisch

Im Jahr 1764 zieht der 25jährige Philipp Matthäus Hahn in Onstmettingen als evangelischer Pfarrer auf. In seinem Pfarrhaus richtet er eine mechanische Werkstatt ein, arbeitet an Uhren, Rechenmaschinen, Präzisionswaagen. Seine geistlichen Pflichten vergaß er darüber nicht. Die »Hauptsache« waren für ihn theologische Studien, in denen er einem eng an den biblischen Texten orientierten Pietismus wichtige Anstöße gab. Das andere, so betonte er, waren »Spielwerke«.

Daß er der mechanischen Tätigkeit mit Leidenschaft zugetan war, steht allerdings außer jedem Zweifel. Aus seinen noch jüngeren Jahren ist überliefert, daß er in Lorch, wo er als Hauslehrer tätig war, einmal drei Wochen nicht ins Bett kam, weil er glaubte, dem perpetuum mobile, dem Geheimnis der immerwährenden Bewegung, auf der Spur zu sein. Lange Zeit galt Hahn als der erste Erfinder der sogenannten Neigungswaage und anderer technischer Neuheiten. In seinen Skizzen-büchern finden sich Planzeichnungen – aber vielfach kopieren sie Geräte, die damals bereits existierten. Hahn ordnet sich ein in eine technische Richtung, die auch von anderen eingeschlagen war. Als wichtiger Anreger der feinmechanischen Industrie auf der Südwestalb darf er trotzdem gelten – auch deshalb, weil er mit den von ihm angestellten Mitarbeitern einen rentablen Kleinbetrieb einrichtete, der als Muster für die mechanische Fertigung dienen konnte.

In einem seiner Bücher schrieb Hahn, »jeder verständige Geist« sei »ein kleiner Gott, der einen Abgrund von verborgenen Vollkommenheiten in sich liegen hat«. Arrogante Gotteslästerung? Hahn drückt in dieser wahrscheinlich von Leibniz übernommenen Anschauung seine Frömmigkeit aus. In der Ausführung seiner »astronomischen Maschine« für das herzogliche Schloß wird deutlich, wie sich bei Hahn theologisch-biblische Tradition und technischer Fortschritt verschränkten. Die Uhr zeigt Sekunde, Minute und Stunde, das Datum, die Mondphasen und den Planetenstand, darüber hinaus hat sie einen Zeiger, der für eine Umdrehung 8000 Jahre benötigt und auf dem die biblischen Ereignisse von der Schöpfung bis zum Reich Christi auf Erden eingraviert sind. So versöhnt der Mechanikerpfarrer, der später Pfarreien in Kornwestheim und Echterdingen, also mehr in der Nähe des Hofes, übernahm, Zeit und Ewigkeit. Er ordnet den Fortschritt ein in die für ihn gültige biblische Tradition.

Absturz und Aufwind: Flugversuche

Technischer Fortschritt als Zeugnis für göttliches Wirken – das war ein Interpretationsmuster, das nicht alle akzeptierten. Es gab auch die gegenteilige Ausdeutung: technische Apparaturen als gotteslästerliches Machwerk. Sie klingt an in dem Vers, mit dem die Leute einen höchst spektakulären, aber gescheiterten technischen Versuch quittierten:

> *Der Schneider von Ulm hat 's Fliegen probiert –*
> *Da hat ihn der Teufel in d' Donau nei'gführt.*

Der Schneider von Ulm hieß Albrecht Ludwig Berblinger. Er war ein findiger Kopf, der in seiner Werkstatt neben seinem eigentlichen Handwerk auch kleine Wagen und Schlitten, Beinprothesen und Bruchbänder fertigte. Sein eigentliches Meisterwerk aber sollte die »Flugmaschine« werden, mit der er einen großen Höhenunterschied aus eigener Kraft zu überwinden hoffte.

Der Traum vom Fliegen war alt. Immer wieder gab es vereinzelte praktische Versuche, und um jene Zeit lag das Fliegen in der Luft, wenn man so sagen kann. In Frankreich waren die Brüder Montgolfier 1783 mit ihrem Ballon aufgestiegen. Zur gleichen Zeit konstruierte der Hochfürstlich Badische Landbaumeister Carl Friedrich Meerwein ein Schwingenflugzeug, das er in zwei Publikationen schilderte. Vor allem aber lagen die Wiener Flugversuche eines Schweizer Uhrmachers, über welche die Presse ausführlich berichtete, erst wenige Jahre zurück, als Berblinger seinen Flugapparat baute.

Seine Berühmtheit, auf die er nachträglich gerne verzichtet hätte, verdankte er der Tatsache, daß er nicht nur scheiterte, sondern daß dieses Scheitern ein großes Spektakel war. Nachdem Berblinger einen öffentlichen Flugversuch angekündigt hatte, drängte ihn der Magistrat, diesen auf den Tag zu legen, an dem der neue, wenig geliebte Stuttgarter Landesherr die Stadt besuchte. Vor den Augen des Königs und vor Hunderten von Landsleuten bewegte Berblinger, auf einer Bastion der ehemaligen Festung etwa zwanzig Meter über der Donau stehend, die Flügel, brach aber ängstlich ab, als einer der Flügel abknickte. Der König reiste ab. Am nächsten Tag, am 31. Mai 1811, verfolgte dessen Bruder das Schauspiel, das sich zunächst zu wiederholen schien, bis Berblinger dann doch hinunter – nein, nicht flog, sondern stürzte.

Mehr als anderthalb Jahrhunderte später: Droben auf der Alb, im Lautertal, rast ein seltsames Gefährt einer Bodenwelle zu – ein Fahrrad mit zwei weit ausladenden Flügeln, gelenkt von einem alten Mann, in dessen angespanntem Gesicht bange Hoffnung zu lesen ist. Die kleine Erhebung trägt ihn hinaus, die mächtigen Flügel bremsen ein wenig den jähen Fall, aber nach wenigen Metern landet er unsanft auf der Erde. Der Mann heißt Gustav Mesmer. Aufgewachsen ist er in Altshausen. Eine Halsoperation läßt bei dem Kind schwere Schäden zurück; er muß die Schule abbrechen. »Wo die Schule versagt, geht das ganze Leben ein Nebenweg«, schreibt er später in ungelenker Schrift in seinen Lebensbericht. Er schafft auf verschiedenen Gutshöfen, wird von

Schwestern zum Eintritt in einen Orden gedrängt, landet später in einer psychiatrischen Anstalt, wo er als Korbmacher und Gärtner arbeitet. Im höheren Alter lebt er für sich, bastelt allerhand Gerätschaften und vor allem immer wieder Flugkörper. Er sucht keine Zuschauer; aber bald kennt man ihn, nennt ihn den Ikarus vom Lautertal, nicht ohne Spott, aber auch nicht ohne Respekt.

Berblinger, Meerwein, Mesmer – im Scheitern verkörpern sie doch eine Tradition, aus der die tragfähigeren technischen Entwicklungen herauswachsen. Auch sie nicht auf einen Schlag, sondern in mühseligen Schritten. Der 1838 in Konstanz geborene Graf Ferdinand von Zeppelin lernt im nordamerikanischen Sezessionskrieg Aufklärungsballons kennen, beschäftigt sich im deutsch-französischen Krieg genauer damit und kommt auf die Idee des »Lenkballons«, die er zur Konstruktion eines lenkbaren Luftschiffs weiterentwickelt. Der württembergische König stellt ihm für die Fabrikation ein Grundstück am Bodensee zur Verfügung; mit eigenen und mit Spendengeldern geht er an die Produktion. Die ersten Flugversuche: eine Kette von Mißhelligkeiten. Nach 18 Minuten endet die erste Fahrt, nach 80 und 23 die zweite und dritte. Der Start vom Ufer erweist sich als schwierig; am Tau des Schleppboots verfängt sich das Höhenruder. Der nächste Flug: eine Windböe zwingt das Luftschiff zur Notlandung. Acht Jahre nach dem ersten Start, im Juni 1908, gelingt eine zwölfstündige Fahrt über fast vierhundert Kilometer. Aber schon knapp zwei Monate später schleudert der Sturm bei einem Zwischenhalt in Echterdingen den riesigen Flugkörper gegen einen

Baum; er geht in Flammen auf. Der Graf steht vor dem Nichts; aber aus der Menschenmenge wird ihm Mut zugesprochen, es wird gesammelt – er kann die Arbeit fortsetzen.

Das Unglück von Echterdingen war außerdem das Startsignal für einen anderen erfolgreichen Flugingenieur. Der Remstäler Ernst Heinkel erlebte die Katastrophe – er begriff, daß das Schlagwort »leichter als Luft« keine sicheren Perspektiven für die Flugtechnik bot. Er konstruierte Maschinen »schwerer als Luft«, aus robustem Material und mit starkem Antrieb. Am Anfang seiner praktischen Versuche stand auch bei ihm der Absturz mit einem selbstgebauten Doppeldecker – später wurde er zum Konstrukteur des schnellsten Verkehrsflugzeugs und schließlich zum Pionier des Düsenantriebs, ohne den die Luftfahrt nicht mehr denkbar ist.

Jeder Bauer ein Ingenieur

Gegen Ende des 19. Jahrhunderts, als in Friedrichshafen die Vorbereitungen zum Zeppelinbau in Gang kamen, warf auch ein Zähringer Bauer Konstruktionsskizzen für ein Luftschiff aufs Papier. Zur gleichen Zeit stellte er Erwägungen zum Flugzeugbau an; er dachte an eine Starttechnik, wie sie später beim Segelflug mit Zugmaschine, Seil und Winde verwirklicht wurde, und er wollte zudem über das Seil, ein Kabel, dem Flugzeug elektrische Energie zuführen. Seltsame Überlegungen eines Bauern – aber für ihn war jeder Bauer ein »geborener Ingenieur«.

Von Haus aus war er gar kein Bauer. Emil Gött, Sohn eines kleinen Kanzlisten, begann in Freiburg ein philosophisch-philologisches Studium, das er in Berlin fortsetzte, aber zu keinem formalen Abschluß brachte. In der Berliner Zeit schrieb er an seinem ersten Drama und lernte die Ideen der Lebensreform kennen. Später schloß sich Gött einer vegetarischen Kolonie am Hochrhein an, ebenso wie sein Freund Emil Strauß, der später als Novellist bekannt wurde. Mit ihm wanderte Gött auch nach Italien.

Danach machte er sich selbständig, kaufte fünfzehn Morgen Land und ein Holzhaus. Dort schrieb er, wenn er Zeit fand – Lustspiele, Kalendergeschichten, Gedichte. Aber die Arbeit auf seinem kleinen Gut zwang ihn auch zu technischen Überlegungen, die einen eigenen Reiz auf ihn ausübten: »ingenieuren wir mal ein bissel«, schrieb er in sein Tagebuch, und dann machte er sich an Pläne für die Wasserversorgung, für neue Anbaumethoden, für den Hausbau. Für eine von ihm erschlossene Sandgrube baute er eine Seilbahn; für eine geplante Ziegelei hatte er den Entwurf eines neuen Hohlziegels parat; er arbeitete Möglichkeiten der Fertigbauweise aus, verbesserte das Heizsystem durch den Einbau von Heizschlangen; und er schlug eine praktischere Anlage der Weinstöcke vor. Manche Pläne und Erfindungen gingen weit über den landwirtschaftlichen Rahmen hinaus: Er konstruierte einen Rucksack, den man zum Schlafsack oder zur Hängematte verlängern konnte; er entwarf die Briefmarkenrolle und verschiedene Automaten, und er suchte Automat und Schreibmaschine zu verbinden in der

Entwicklung einer Art Registrierkasse. Die kaufmännische Verwertung seiner Erfindungen lag ihm nicht – »Wieder ein Katarakt von Verlusten!« schrieb er einmal. Seine letzte und bedeutendste Entdeckung: die Verarbeitung der straffen und derben Ginsterfaser, die der importierten Baumwolle Konkurrenz machen sollte, hätte ihm beinahe ein Vermögen eingebracht – aber nur beinahe. Die industrielle Verwertung erlebte er nicht mehr. Er starb, knapp 44jährig, an einem Herzleiden.

Emil Gött: kein großer Dichter, kein vorbildlicher Bauer, kein weltbewegender Erfinder. Ein Tüftler und Spintisierer, der an seiner Umtriebigkeit litt und der sie doch brauchte. Während der Heuernte beklagte er, daß ihm »das Spirituelle verdampfte«. Und seine Erfindungen suchte er schnell an den Mann zu bringen (»Aus dem Kopf hätte ich sie gern ...«), um frei zu sein für seine poetische Produktion und für Neues. Hellwach verfolgte er, was in der Welt vorging, schickte dem Präsidenten der USA eine »Kriegserklärung« wegen des barbarischen Kampfs gegen Kuba und versuchte (vergeblich allerdings), auf der Seite der Buren gegen England zu kämpfen – dort, »wo das Recht und das Glück der menschlichen Existenz am tödlichsten bedroht wird«.

Gött war sich seiner Grenzen bewußt, aber auch der Tatsache, daß vergebliche Anstrengungen nicht versanden müssen. In einem Brief schrieb er:

Die Kultur und die Technik schreiten mit Vorliebe auch im Rösselsprung fort; der Eine müht sich fruchtlos in einer Richtung, der Nachfolger macht einen Sprung damit und

ist glücklich auf den Spuren des schöpferischen Unglücks
seines Vorläufers.

Heimische Weltfirmen

Industrie – das hieß in den Anfängen Dampfkraft, Verwertung von Eisen und Kohle. Der deutsche Südwesten
war arm an Rohstoffen und nicht besonders gut erschlossen durch Transportwege – für Württemberg galt das
noch mehr als für Baden. Die Produktion war hier auf
spezifische Verarbeitungs- und Bearbeitungsformen angewiesen, auf technisches Know-how, wie man heute
sagen würde. Die in Stuttgart gegründete »Centralstelle
für Gewerbe und Handel« unter der Leitung des ideen-
reichen Ferdinand Steinbeis suchte dieses Wissen zu
vermitteln, suchte die Betriebe durch Information und
Schulung konkurrenzfähig zu machen. Es waren in der
Regel kleine Betriebe – das »Fabrikle« mit zwei oder drei
Arbeitern war keine Ausnahme. Dieses handwerkliche
Gepräge hinderte nicht den Zugriff auf ausländische Erfahrungen. Und gegen Ende des 19. Jahrhunderts kam
eine ganze Reihe größerer Fabrikunternehmen auf, die
bald Weltgeltung hatten.

Der Name Maggi ist für uns nur noch ein Marken-
name. Aber er geht zurück auf einen Herrn Maggi. Die
Eltern von Julius Maggi waren aus Italien vertrieben
worden und hatten in der Schweiz eine Mühle gekauft.
Julius galt als Tüftler – und dieser Ruf führte zu einer
Anfrage, deren Tragweite damals noch nicht abzusehen

war. Die »Schweizerische Gemeinnützige Gesellschaft«, bemüht, die durch die Industriearbeit entstehenden Belastungen aufzufangen, hielt Ausschau nach einem Unternehmer, der gute, billige, leicht zuzubereitende und leicht verdauliche Lebensmittel für die Fabrikbevölkerung herstellen könne. Maggi nahm das Ansinnen an und entwickelte seine Gemüsemehle für verschiedene Suppen oder Breie, außerdem die Flüssigwürze.

»Ich garantiere meine Produkte als die besten. Maggi« stand schon auf den ersten Packungen – Julius Maggi war nicht nur ein experimentierfreudiger Hersteller, sondern auch ein geschickter Geschäftsmann, der seine Kontakte nicht auf die Schweiz beschränkte. In Paris, Wien, Bregenz und Singen entstanden Niederlassungen. Das badische Singen war zunächst nur Auslieferungslager, als aber der Zoll für die Fertiggerichte angehoben wurde, verlagerte Maggi einen Teil der Produktion. Im Jahr 1913 waren fast 2000 Personen bei »der Maggi« beschäftigt – je zur Hälfte Frauen und Männer. Singen wurde zur Maggi-Stadt. Der Würzduft lag über den Häusern, der Verkehr war auf die Fabrik ausgerichtet, und die in der Fabrik Beschäftigten begehrten zwar manchmal auf, waren aber im ganzen stolz auf ihr Werk. Maggi gelang es, der Firma einen lokalen Anstrich zu geben: eine Weltfirma – aber verankert in der Region.

Ein Jahr später als Maggi, 1847, ist in Giengen an der Brenz Margarete Steiff geboren. In ihrem zweiten Lebensjahr erkrankte sie an Kinderlähmung. Ihrer eigenen Energie und ihren hilfsbereiten Geschwistern hatte es Margarete Steiff zu verdanken, daß sie eine richtige

Ausbildung bekam – in der Schule und dann in der Frauenarbeitsschule, wo sie das Nähen so gut lernte, daß sie eine eigene Nähstube betreiben konnte. Eines Tages schmückte sie ein Nähkissen als Filzelefant aus, wiederholte die Prozedur für Geschenke und nähte schließlich die verschiedensten Kuscheltiere aus Filz mit einer weichen Wollfüllung. Auf dem Heidenheimer Markt gingen sie reißend weg, die Produktion wurde erweitert. Einzelne Exemplare landeten im Musterlager der Stuttgarter »Centralstelle«, was die Nachfrage forcierte. Der Knopf im Ohr wird zum Markenzeichen der Spielwarenfabrik – denn dazu hat sich die Nähstube gewandelt. Mit einem neuen Typ aus der bunten Tierschar, einem Bären mit beweglichen Gliedmaßen, reist der Bruder zur Leipziger Messe. Ein amerikanischer Einkäufer nimmt die putzigen Tiere mit; drüben in den Staaten geraten sie auf die Hochzeitstafel der Tochter des Präsidenten Theodore Roosevelt, der ein Bärenjäger und -liebhaber war. Nach ihm werden sie Teddy genannt – ein neuer Schub zur weltweiten Verbreitung der Spieltiere setzt ein. Heute werden im Jahr anderthalb Millionen Steiff-Tiere hergestellt: eine Weltfirma. Aber für Margarete Steiff und ihre Beschäftigten: eine schwäbische, eine Giengener Firma.

Ein drittes Beispiel, das in noch größere Dimensionen hineinreicht: die Firma Bosch. Ihr Gründer, Robert Bosch, ist 1861 bei Ulm geboren. Nach der Schulzeit machte er eine Feinmechanikerlehre und ging auf Wanderschaft; für kurze Zeit war er als »außerordentlicher Student« an der Technischen Hochschule Stuttgart zugelassen, dann sammelte er Erfahrungen in Nordamerika und England. Als 25jähriger eröffnete er in Stuttgart eine Werkstätte für Feinmechanik und Elektrotechnik, die er mit einem Gesellen und einem Lehrling betrieb. In der Zeitung bot er Telephone, Haustelegraphen und Blitzableiter an; aber er produzierte und reparierte alles, was auch nur entfernt mit Elektrizität zu tun hatte. Entscheidend für die weitere Entwicklung war, daß er eine Verbindung mit der aufkommenden Motortechnik herstellte. Mit seinen Magnetzündungen hatte er fast ein Monopol; vor dem Ausbruch des Ersten Weltkriegs waren schon fast 5000 Menschen bei Bosch beschäftigt, Anfang der 1920er Jahre 10.000. Die Arbeit bei Bosch war gesucht. Die Firma zahlte gut, und schon 1906 hatte Bosch den Achtstundentag eingeführt. Sicherlich mit einem Blick für die Nöte und Bedürfnisse der Arbeitenden – nicht umsonst nannte man ihn den »roten Bosch«. Aber auch aus nüchternem Kalkül, weil die effektive Ausnützung der Maschinen Acht-Stunden-Schichten nahelegte. Mit seinen Ingenieuren entwickelte Bosch weitere Verbesserungen und Neuheiten, etwa die Einspritzpumpe für Dieselmotoren. Der Name Bosch ist weltweit ein Begriff. Aber Bosch ist bis heute auch eine durch und durch schwäbische Firma, geprägt durch den Geist ihres Gründers, der verbissen auf Qualität und Präzision achtete, der lieber Geld als Vertrauen verlieren wollte und der zeitlebens mit Rat und Tat für seine engere Heimat einstand.

Leibeigene der Maschinen

Es wäre nicht schwierig, mit anderen Namen fortzufahren: Da ist Karl-Friedrich von Drais aus Karlsruhe, dessen »Laufmaschine« das erste Fahrrad war, Heinrich Lanz, der in Mannheim Dampfpflüge und Dampfmaschinen baute, der Müller Daniel Straub, der die Württembergische Metallwarenfabrik in Geislingen gründete, der Flaschner Friedrich Wilhelm Märklin, der den Modelleisenbahnen den Namen gab, der Uhrmacher Lorenz Bob, der im badischen Furtwangen besonders effektive Federzuguhren entwickelte, oder sein württembergischer Kollege Matthias Hohner, dessen Mundharmonikas überall zu hören sind – und so weiter. Aber vielleicht reden wir zuviel von Individuen, von einzelnen Persönlichkeiten. An den Erfindungen und vor allem an der Produktion waren ja doch viele beteiligt.

Die Arbeiterschaft wird vielfach in das familiäre Bild eingepaßt: Der Chef eine Vaterfigur, das Zusammenwirken harmonisch, die Identifikation mit dem Werk und den Werkstücken groß. Ein Gießereiarbeiter des Wasseralfinger Hüttenwerks erzählte, seinem Sohn habe er schon wenige Tage nach seiner Geburt vom Fenster aus die Fabrik gezeigt: »Da hat mein Vater geschafft, da schaff' ich, und da schaffst du auch einmal!« Die Bindung an den Betrieb war stark, und auch die Bindung an die und in der Region. Die südwestdeutschen Arbeiter waren großenteils keine ortlosen Proletarier, es waren häufig und sind teilweise noch heute Arbeiterbauern, Nebenerwerbslandwirte, die abends noch ackern und gärtnern.

Zudem gab es eine entschiedene Förderung von Arbeitern. In Baden garantierte der Großherzog auch nach dem Revolutionsversuch von 1848/49 eine liberale Politik; nach der Einführung der Gewerbefreiheit wurde das Berufsschulwesen ausgebaut, und die Gewerbeaufsicht wachte über die Arbeitsverhältnisse. Katholische Gesellenvereine betreuten die jungen Arbeiter, und bald entstanden auch die Arbeiterbildungsvereine in Baden und Württemberg. In Stuttgart erweiterte der Gründer, der Bankier Eduard Pfeiffer, das Angebot durch einen »Consum- und Ersparnisverein«. Das Bürgertum nahm sich der Aufgabe sozialer Reformen an – der Übergang ins Industriezeitalter wurde in vielfacher Weise geglättet.

Das ist ein richtiger und wichtiger Akzent. Aber das Bild bleibt einseitig, wenn nicht auch an die durch den Industrialisierungsprozeß ausgelösten Brüche, an die Not und die Lasten der Arbeiterfamilien erinnert wird. In Baden hat dies Franz Joseph Buß, Freiburger Professor für Kirchenrecht, schon früh getan – fast möchte man sagen: zu früh. Was er 1837 in der badischen Abgeordnetenkammer vortrug, war das erste sozialpolitische Programm, das in ein deutsches Parlament hineingetragen wurde. Buß schilderte, wie in den Fabriken die Gesundheit der Arbeiter bedroht, ihre Geistesbildung beeinträchtigt werde; der Fabrikarbeiter sei »der Leibeigene eines Herrn« und »der Leibeigene der Maschine«. Buß forderte Eingriffe des Staates zugunsten handwerklicher Strukturen – aber die Kommission der Kammer stellte fest, daß das von ihm entworfene Bild »nicht auf unser schönes Vaterland paßt«.

Tatsächlich aber verschlechterten sich die Bedingungen im Handwerk. Arbeitslose Gesellen, Landarbeiter und verarmte Kleinbauern strömten in die Fabriken. Kinderarbeit war üblich. In den Fabrikordnungen war die wirksamste Bestimmung die, daß Arbeiter jederzeit entlassen werden konnten. Die Löhne waren niedrig; Frauenarbeit wurde miserabel bezahlt. Arbeitsschichten dauerten bis zu 24 Stunden, eine durchschnittliche Arbeitszeit von zehn Stunden täglich wurde nur langsam und erst im letzten Viertel des 19. Jahrhunderts durchgesetzt.

Auch in den familiären kleinen Handwerksbetrieben herrschte eine hektische und zwanghafte Arbeitsatmosphäre. Der Überlinger Heinrich Georg Dikreiter hinterließ eine ebenso lebendige wie bedrückende Schilderung seiner Lehrzeit bei einem Schreiner: Arbeit von morgens 5 bis abends 7 Uhr, keine Mittagspause, keine richtige Waschgelegenheit, kümmerliches Essen und karger Lohn. »Man war damals noch sehr bescheiden und sehr genügsam«, schreibt Dikreiter. Aber alles ließ man sich doch nicht gefallen. Als der Meister im Winter die Arbeit auch noch nach dem Abendessen fortsetzen wollte, wehrten die Lehrlinge »durch Obstruktion diesem Wühleifer«. Sie löschten sämtliche Lichter aus und erzwangen den Feierabend.

Dies war ein harmloser kleiner Warnstreik, Widerstand im privaten Rahmen. Aber inzwischen hatte sich die Opposition auch formiert, hatte ihre Organisationsstrukturen gefunden. Das Sozialistengesetz, das zu jener Zeit in Kraft war, verbot zwar alle Zusammenschlüsse und jegliche Agitation; aber »die gemeingefährlichen

Bestrebungen der Sozialdemokratie« gingen weiter im Untergrund. In den südwestdeutschen Ländern wurde das Gesetz nicht sehr streng gehandhabt, Schlupflöcher waren immer wieder zu finden. In manchen Branchen war die Arbeit so organisiert, daß es selbst bei der Produktion keine Aufsicht gab – dies galt beispielsweise für die Zigarrenfabriken, die in Baden vor dem Ersten Weltkrieg fast ein Fünftel aller Arbeiter beschäftigten. In solchen Fabriken wurden öfters sehr entschiedene Forderungen an die Besitzer vorgebracht und auch durchgesetzt. Aber es gab auch politische Treffen außerhalb der Arbeit, als Unterhaltungsabende getarnt, und Zeitungen und Flugschriften wurden aus der Schweiz eingeschmuggelt.

Auch Dikreiter begann sich über die Presse zu informieren: »Das ganze weite Gebiet der modernen Arbeiterbewegung tat sich vor meinen erstaunten Augen auf.« Mit seinem Freund, einem Fabrikschuster, sprach er über »die Idee des Zukunftsstaates«, über »das glänzende Bild einer Gesellschaftsordnung, in der es keinerlei Not und Armut mehr geben wird«. Ein ferner, ein illusionärer Traum – aber er gab den Menschen die Kraft, sich für die Verbesserung der sozialen Zustände einzusetzen. Der Fabrikarbeiter und spätere Redakteur Dikreiter war herausgetreten aus der Tradition des Sich-Abfindens mit den bedrängenden Gegebenheiten. Er war hineingewachsen in eine andere Tradition, die Tradition des Widerstands.

All das ist nicht nur Vergangenheit. Das Handwerk und kleinere Produktionsstätten spielen immer noch eine bedeutende Rolle im Land, und eine ganze Reihe der gegen Ende des 19. Jahrhunderts entstandenen Großbetriebe nimmt noch immer eine beherrschende Stellung ein. Auch die Organisationsformen der Arbeiterschaft, wenigstens teilweise wiederhergestellt nach der Zeit des Nationalsozialismus, haben nicht ausgedient; die wachsenden sozialen Probleme verschärfen die alten und stellen neue Aufgaben.

Diese Probleme sind andererseits ein Zeichen dafür, daß die gegenwärtige Situation der Industrie nicht einfach eine Fortschreibung des vor mehr als hundert Jahren Angelegten ist. Gerade die »klassischen« Industrien sind in eine kritische Phase eingetreten. In Baden-Württemberg ist ganz besonders die Autoproduktion betroffen. Sie nahm in Deutschland – und darüber hinaus – vom Südwesten ihren Ausgang. Die Kraftfahrzeugindustrie ist zudem eine der frühen und soliden Klammern zwischen Baden und Württemberg. Carl Benz aus Karlsruhe und Gottlieb Daimler wetteiferten in der Herstellung der ersten Motorfahrzeuge; beide erhielten 1886 Patente auf ihre Kraftwagen. Beide waren, zusammen mit dem Heilbronner Wilhelm Maybach und mit Robert Bosch, maßgeblich an der weiteren Entwicklung von Kraftfahrzeugen beteiligt. Im Jahr 1926 kam es zum Zusammenschluß – die Daimler Benz AG war und ist eine der größten Autofirmen der Welt; »beim Daimler« arbeiten allein in Stuttgart und Sindelfingen rund 70.000 Personen, die teilweise weite Pendelstrecken in Kauf nehmen. Aber neuerdings sind Turbulenzen entstanden: Die Konkurrenz wächst, die Produktion läßt sich nicht mehr kontinuierlich steigern, die Automatisierung beseitigt Arbeitsplätze, und die im neuen Firmennamen Daimler-Chrysler sichtbare Erweiterung hat nicht unbedingt zur Stabilisierung beigetragen.

Noch vor einigen Jahren hätte man das als bloße Akzentverlagerung interpretieren können: Neue Technologien waren im Kommen, und Baden-Württemberg mischte auch bei der modernen (oder postmodernen) »Hightech«-Entwicklung kräftig mit. Es handelt sich um Herstellungsweisen, die weniger die Umwelt belastende Nebenwirkungen haben. In optimistischen Entwürfen tauchte die Vision einer durch und durch umweltverträglichen Industriewelt auf: saubere und blühende Produktionsstätten in intakter Umgebung. Aber auch aus diesem Bereich blieb die Krise nicht ausgesperrt; konkurrierende potente Hersteller ausländischer, begünstigter Standorte drängen auf den Markt. Und die Umweltprobleme lösen sich nicht automatisch über den Rückgang industrieller Produktion.

Was nicht zurückgeht, ist die Verkehrsdichte auf den Straßen. Der Stau ist zum Symbol der nicht bewältigten Verkehrssituation geworden. Im kleinen sind wirksame taktische Gegenmaßnahmen ergriffen worden. Dazu gehören die autofreien Zonen in vielen Städten und verschiedene Verkehrsverbundsysteme. Am erfolgreichsten war das »Freiburger Modell«: Die Einführung einer übertragbaren Umweltkarte, die in allen öffentlichen Verkehrsmitteln gilt, reduzierte spürbar den Gebrauch privater Fahrzeuge im Stadtverkehr. Einfache Patentlösungen gibt es aber hier so wenig wie bei anderen Umweltproblemen – Müllentsorgung, Ozongefahr, Waldsterben. Offensive technische Bewältigungsversuche sind weiterhin gefragt; aber ihre begrenzte Wirkung macht es verständlich, daß andere Lösungsvorschläge an Bedeutung gewinnen: Strategien der Vermeidung und Einschränkung. »Grünes« Denken bildete lange nur eine Nische in unserer auf technische Perfektion und ständige Expansion geeichten Gedankenwelt. Inzwischen ist die Rhetorik des Wachstums angekränkelt; ökologische Perspektiven rücken nicht nur bei wirtschaftlichen Überlegungen stärker ins Zentrum, sondern sind auch populär – allerdings meistens nur, solange sie nicht mit eingefahrenen Gewohnheiten und mit persönlichen Vorlieben zusammenstoßen.

Begehbare Bilderbücher

Ohne Fortschritt kein Museum. Auf den ersten Blick scheint dies eine kuriose, ja unsinnige Feststellung zu sein. Aber sie läßt sich durch die Geschichte des Museumswesens erhärten, und sie läßt sich erklären. Für Leute, die Zeit und Geld hatten, lag das Sammeln und auch das Vorführen merkwürdiger Gegenstände immer nahe – das zeigen die fürstlichen Wunderkammern, in denen schon vor Jahrhunderten Trophäen von Kriegszügen, Merkwürdigkeiten aus fernen Ländern, manchmal auch schöne Kunstgegenstände zusammengestellt waren. Aber Museen modernen Zuschnitts und zumal solche, die sich auf das eigene Land beziehen, gibt es erst, seit die Industrialisierung eingesetzt hat, und ihre Zahl ist mit den Wellen der industriellen Expansion angewachsen. Der Zusammenhang ist im Grund ganz einfach. Von den Objekten her: Was in der täglich gelebten Realität abgeräumt und weggeschwemmt wird, erhält wenigstens in Einzelstücken einen Platz im Museum. Und von den Besucherinnen und Besuchern her: Was ihnen abhanden gekommen ist, suchen sie an einem eigens dafür zugerichteten Ort. Sie suchen nicht nur bestimmte Gegenstände, sondern auch den Lebensrhythmus einer vergangenen Zeit, Ruhe, Gelassenheit, »Echtheit«.

So betrachtet ist es kein Widerspruch, daß ein technisch und wirtschaftlich so fortgeschrittenes Land wie Baden-Württemberg das möglicherweise museumsreichste Land überhaupt ist. Ganz genaue Zahlenangaben sind schwierig: Es kommt darauf an, ob man beispielsweise die Kammer im Rathaus mitzählt, in der alte Ackergeräte verstauben und die nur geöffnet wird, wenn eine Delegation von der französischen Partnergemeinde kommt. Oder ob man die »Heimatstube« dazurechnet, die nichts anderes ist als das Nebenzimmer eines Gasthauses, dessen findiger Besitzer ein paar Photos von einem drittklassigen Heimatdichter an die Wand gehängt hat. Aber mit einer Zahl um die Tausend liegt man jedenfalls nicht falsch. Die relativ wenigen großen Kunstmuseen sind dabei einbezogen; aber erst die historischen Sammlungen, die Stadtmuseen und Heimatmuseen führen zu dieser enormen Zahl. Sie entspricht fast der Zahl der Gemeinden im Land – es sind knapp über elfhundert –, auf eine Gemeinde entfällt also durchschnittlich ein Museum.

Aber das ist nur ein statistischer Maßstab. Diese Zahl der Gemeinden ist das Ergebnis der Gebietsreform Anfang der 70er Jahre; vorher waren es ziemlich genau dreimal so viele. Die kleineren, »leistungsschwachen« Gemeinden wurden größeren zugeschlagen; man erhoffte sich dadurch bessere Verwaltungs- und Entwicklungsmöglichkeiten, und viele nahmen an, daß sich die verschiedenen Ortschaften in der neu gebildeten größeren Gemeinde auch in allen kulturellen Belangen zusammenfänden. Tatsächlich aber betonten viele der eingemeindeten Orte ihre kulturelle Selbständigkeit – die Gründung kleiner Heimatmuseen und Heimatstuben kam manchmal so zustande. Auch dies zeigt, daß das Museum eine Kompensationsaufgabe hat: Was im Alltag verloren gegangen ist, soll im Museum bewahrt werden.

Auf die Freilichtmuseen hat ein Volkskundler den Begriff vom »begehbaren Bilderbuch« gemünzt. In Baden-Württemberg ist es nicht gelungen, ein einziges großes Freilichtmuseum anzulegen, das einen Überblick über alle Hauslandschaften im Land hätte vermitteln können. Statt dessen sind, großenteils aus privaten Initiativen, regionale Freilichtmuseen entstanden. Das älteste ist das Museum Vogtsbauernhof in Gutach, in dem mehrere Schwarzwaldhäuser teils am Ort konserviert, teils »transloziert« und wiederaufgerichtet wurden. In Wolfegg werden Bauten aus der Bodenseegegend und dem südlichen

Oberschwaben gezeigt; die Hauslandschaften nördlich davon werden repräsentiert in Kürnbach (Bad Schussenried) und in Neuhausen ob Eck. Gut ausgebaut ist auch das Hohenloher Freilandmuseum in Wackershofen bei Schwäbisch Hall. In Beuren im Kreis Esslingen werden Bauten aus der Gegend des mittleren Neckars zusammengefaßt, in Gottersdorf bei Walldürn solche aus dem Bauland und dem Odenwald – darüber hinaus gibt es noch einige kleinere Ansätze.

Charakteristisch ist, daß sich auch in diesen regionalen Museen Vergleichsmöglichkeiten anbieten – dies spiegelt die Vielfalt landschaftlicher und auch landwirtschaftlicher Verhältnisse auf relativ engem Raum. Die baden-württembergischen Freilichtmuseen werden aber auch als Kulturzentren, als Ansatz für die gezielte Pflege eines regionalen Bewußtseins genutzt. In fast allen werden von Zeit zu Zeit die alten bäuerlichen und handwerklichen Gerätschaften nicht nur ausgestellt, sondern auch vorgeführt, in den Gasthäusern der Museen werden lokale Gerichte angeboten, und es werden gelegentlich kleine Feste gefeiert mit Umzügen und Trachtengruppen, Tänzen und Volksliedern: ein Potpourri nostalgisch eingefärbter regionaler Tradition.

Folkloristischer Aufputz und alltägliche Lebensweise

Das Wort Tradition kommt heute im allgemeinen im Sonntagsanzug daher – Tradition als etwas Besonderes, das ausgestellt, aufgeführt, präsentiert wird. Tradition dieser Art zeigt sich etwa in Trachtenaufzügen. Die uniformähnlich in den Gruppen getragene Tracht erweckt den Anschein, es handle sich um die Kleidung, wie sie in der »guten alten Zeit« üblich war, während wir aus den genau geführten Nachlaßakten wissen, daß die meisten Menschen froh sein mußten, wenn sie von der allerschlichtesten Kleidung nicht nur ein einziges Stück besaßen. Tradition wird folkloristisch aufgeputzt. Deutlich ist dies auch in vielen lokalen Festen. Manche der großen und bekannten Feste im Land werden tatsächlich schon Jahrhunderte gefeiert: der Gangolfsritt in Amorbach, der Sommertagszug in Heidelberg oder Bruchsal, das Peter- und Pauls-Fest in Bretten, der Heilbronner Herbst, der Salzsiedertanz in Schwäbisch Hall, der Storchentag in Haslach, der Schäferlauf in Markgröningen, Urach, Wildberg und Heidenheim, der Hirrlinger Hammeltanz, der Maientag in Vaihingen und in Nürtingen, das Biberacher Schützenfest und das Ravensburger Rutenfest, die Waldshuter Chilbi, der Weingartener Blutritt, die Wasserprozession von Moos nach Radolfzell – die Aufzählung ließe sich fortführen. Es sind alte Zunftfeste, Kinderfeste oder religiöse Feste – aber das »Traditionelle« liegt nicht nur im Alter der Überlieferung, sondern es wird im allgemeinen auch demonstrativ hervorgehoben in der historisierenden Aufmachung der Beteiligten. Das reichhaltige Kalendarium der Feste wird neuerdings noch ergänzt durch Veranstaltungen, in denen ausländische Gruppen ihre Folklore in Szene setzen. Für viele Einheimische repräsentiert dieses bunte folkloristische Bild, ergänzt durch mehr oder weniger exotische gastronomische Angebote, die fremden Kulturen. Daß auch der fremde Alltag sein eigenes Gepräge hat, wird oft übersehen.

Auch in der eigenen Kultur werden über den auffälligen, festlich präsentierten Traditionen die unauffälligen leicht vergessen. Dabei sind sie es, die in einem Land oder einer Region einen eigentümlichen Lebensstil entstehen lassen, der am ehesten fremden Besuchern auffällt, für die dieses dichte Geflecht von Gewohnheiten ungewohnt ist. Sie wundern sich beispielsweise über den Tagesrhythmus, der oft selbst am Wochenende von frühen Aufstehzeiten und entsprechend frühen Schlafzeiten bestimmt wird. In mancher biederen Gaststätte reagiert man eher mürrisch, wenn gegen zehn Uhr abends noch Gäste auftauchen, und in den Wohnquartieren verlöschen abends die Lichter, als handle es sich um streng kontrollierte Kinderheime. Natürlich gibt es Unterschiede, und selbstverständlich haben solche Rhythmen auch mit den beruflichen Verpflichtungen zu tun. Aber boshafterweise wird den Schwaben nachgesagt, sie stellten selbst im Urlaub den Wecker auf sechs Uhr, um für den Pauschalpreis möglichst viel zu haben – sicher eine Übertreibung, aber doch ein Hinweis darauf, daß es beispielsweise gegenüber dem Rheinland und sicher auch gegenüber den Badnern erhebliche Mentalitätsunterschiede gibt, die sich in solchen alltäglichen Traditionen zeigen.

Auch hinsichtlich der Kleidung gibt es solche Traditionen, nicht die auffälligen der Trachtenwelt, sondern die unauffälligen im Umgang mit der Mode. Sie scheint alle Unterschiede auszugleichen – aber das jeweils Neueste kommt in Stuttgart meistens etwas später an als etwa in München, und die extravagantesten Auswüchse sind dann schon beschnitten. Auch die Sprache gehört in den Bereich wenig auffälliger Traditionen, der vielfach immer noch selbstverständliche Umgang mit dem Dialekt, der in abgeschwächter Form auch in die sogenannte Honoratiorensprache hineinreicht. Oder das Essen. Der Kulturhistoriker Wilhelm Heinrich Riehl merkte einmal an, der Magen sei das konservativste Organ des Menschen, und in der Tat: Trotz allen exotischen Angeboten haben sich in der alltäglichen und auch in der Sonntagsküche die relativ einfachen Speisen gehalten – Eintopfgerichte, Knöpfle und Spätzle, Braten und Kartoffelsalat, Zwiebelkuchen und andere regionale Varianten der Pizza, gehaltvolle Suppen, diverse Kuchen und Süßspeisen.

In diesem Bereich kippt das Unauffällige allerdings leicht um in Auffälligkeit: All diese Speisen, die auf dem »normalen« Kuchenzettel zu den Selbstverständlichkeiten gehören, erscheinen auf den Speisekarten gediegener Lokale unter der Rubrik regionaler Besonderheiten, oft zu einem stattlichen Preis. Ein Spezialitätenangebot, das sich an eine gehobene soziale Schicht wendet, die sich von den Alltagstraditionen abgesetzt hat – und an die Fremden.

Fortschritt und Tradition charakterisieren auch das Reiseland Baden-Württemberg – nicht als Gegensatz, sondern im Zusammenspiel. Die entsprechenden Fremdenverkehrsvokabeln heißen: Komfort und Gemütlichkeit. Sie beherrschen Prospekte und Werbetexte; aber sie bezeichnen auch tatsächliche Qualitäten des Tourismus im Land.

Es gibt Landschaften, die fast *nur* als Fremdenverkehrslandschaften definiert sind, obwohl dort auch Menschen leben, die mit den touristischen Gewerben nichts zu tun haben und einem ganz normalen Tagwerk nachgehen. Das gilt etwa für weite Teile Oberbayerns, für die meisten Regionen des Alpenlands Schweiz, für die Küstenländer im Norden und für viele südliche Länder. Der deutsche Südwesten ist demgegenüber kein Gebiet, das sofort ungebremste Urlaubsassoziationen auslöst. Für den Fremdenverkehr wurde es relativ spät entdeckt.

Im Jahr 1827 bringt Gustav Schwab sein Bodenseebuch heraus, ein »Handbuch für Reisende und Freunde der Natur, Geschichte und Poesie«. Begeistert schildert er den Blick von Heiligenberg über den See, die blühenden Ufergärten, »von Dorf zu Dorf, von einem Städteturm zum andern«. Aber er räumt ein, der See mit seinen »gar zu unendlichen Ufern« sei möglicherweise ermüdend für den Beschauer – mit dem Genfer See, damals idealer Fluchtpunkt der vor allem aus England anreisenden Touristen, konnte er nicht konkurrieren. Immerhin war und blieb die Landschaft am »Schwäbischen Meer«, dessen deutsches Ufer größtenteils badisch war, eines der beiden wichtigen Zielgebiete des Fremdenverkehrs. Das andere ist der Schwarzwald. Baden-Baden, mit dem Casino und der Pferderennbahn in Iffezheim, galt als »Sommerhauptstadt Europas«; dort traf sich eine mondäne Gesellschaft. Im Verlauf des 19. Jahrhunderts schob sich der Fremdenverkehr auch in die südlicheren Täler vor, ausgehend von den Thermal- und Mineralquellen, aber auch orientiert an den Schönheiten des Gebirges. Ungefähr vierzig Prozent des Fremdenverkehrs in Baden-Württemberg konzentrieren sich seit langem auf den Schwarzwald, weitere zwanzig Prozent auf das Ufergebiet und Hinterland des Bodensees. Da dieses Gebiet kleiner ist als der ausgedehnte Schwarzwald, zeigen die verschiedenen Prozentwerte etwa die gleiche Intensität des Fremdenverkehrs an. Die Schwäbische Alb galt lange Zeit fast nur als Naherholungsgebiet, hat sich aber inzwischen ebenso für den Tourismus geöffnet wie Teile Hohenlohes und des Schwäbischen Walds. Im Norden des Landes ist es eine Stadt, welche die meisten Fremden anzieht: Heidelberg.

In all diesen Landschaften setzt man auf gediegene Bescheidenheit. Der Komfort ist nirgends – oder fast nirgends – ins Protzige gesteigert; er darf der Gemütlichkeit nichts anhaben. Und diese wiederum gibt sich nirgends – oder fast nirgends – dürftig und karg. Auch die Attraktionen, die angeboten werden, haben nichts Übertriebenes an sich: keine Landschaften für Extremtouren, aber auch kaum Orte, in denen die Besucher pausenlos lärmendem Rummel ausgesetzt sind. Das Stichwort »sanfter Tourismus«, das seit einiger Zeit die Fremdenverkehrsdiskussionen beherrscht, greift hier etwas leichter als anderswo. So sehr viel muß nicht zurückgestutzt werden, und in manchen Orten hat man den Mut auch zu drastischeren Eingriffen aufgebracht. In Todtmoos im Schwarzwald versuchte der Bürgermeister die Umkehr: Verbot des Mountainbiking, Reduktion der Schi-Loipen, Aussetzen des berühmten Hundeschlittenrennens, Steuern auf Zweitwohnungen.

Auch ohne solche Spezialangebote bleibt genug, was anziehend ist: Die heimelige Atmosphäre der Gasthäuser. Kulturelle Denkmale und Veranstaltungen. Die gefällige Kombination betriebsamer Städtchen und bäuerlicher Umgebung. Der rasche Wechsel von Berg und Tal, die melodischen Züge der Landschaft. Dies vor allem: die Vielfalt auf engem Raum.

Inhalt

Nicht nur ein Staatsgebilde   5

Grenzen, die keine mehr sind   11

Offen nach allen Seiten   12
Drei alte Länder   17
Der historische Flickenteppich   26
Frömmigkeitslandschaften   31
Sprachräume und Sprachgrenzen   36

Kultur – Modellierung des Lebens   40

Hofbauern und Zweiglandwirte   41
Provinzkultur? Kulturprovinzen!   44
Spielarten der Volkskultur   47
Landschaft und Kunst   51
Heimliche Zentren großer Kunst   53

Städtebilder   59

Hauptstadt zwischen Wald und Reben   60
Residenz – nicht nur des Rechts   64
Leben im Planquadrat   69

Universitätsstädte am Neckar   74
Die südlichste Stadt   80
Alte Reichsstadtherrlichkeit   84

Aus der Fremde, in die Fremde   88

Kunst in europäischen Bezügen   89
Importierte Traditionen   92
Flucht aus Glaubensgründen   95
Allweg tüchtige Schaffer   98
Die Fremde als Rettung   100
Tödliche Fremdheit   105
Die »Rückkehr« der Heimatvertriebenen   110
Etappen der Arbeitsmigration   113

Von der Lust, den Dingen auf den
Grund zu gehen   118

Saurier, Moorbauten, Höhlenbären   122
Dichten und Denken   125
Idealwelten und Seinsgründe   128

Fortschritt und Tradition   132

Wunderwerke – biblisch und mechanisch   133
Absturz und Aufwind: Flugversuche   135
Jeder Bauer ein Ingenieur   138
Heimische Weltfirmen   141
Leibeigene der Maschinen   145
Krise des Fortschritts   149

Begehbare Bilderbücher *151*
Folkloristischer Aufputz und alltägliche
Lebensweise *154*
Komfort und Gemütlichkeit *159*

© 2006 Klöpfer und Meyer, Tübingen.
Alle Rechte vorbehalten.
ISBN 3-937667-75-X

2. Auflage 2006

Hermann Bausingers überarbeiteter und erweiterter Essay »Der herbe Charme
des Landes« basiert auf seinem Textbeitrag zum Bildband
»Baden-Württemberg. Landschaft und Kultur im Südwesten« mit den
Photographien von Werner Richner (G. Braun, Karlsruhe 1994).

Umschlaggestaltung:
Christiane Hemmerich Konzeption und Gestaltung, Tübingen.
Herstellung, Gestaltung und Satz: niemeyers satz, Tübingen.
Druck und Einband: Pustet, Regensburg.

Mehr über das Verlagsprogramm von Klöpfer & Meyer finden Sie unter:
www.kloepfer-meyer.de